DESPERATE MEASURES
Text ⓒ Kjartan Poskitt, 2000
Illustrations ⓒ Philip Reeve, 2000
All rights reserved
Korean translation copyright ⓒ 2011 by Gimm-Young Publishers, Inc.
Korean translation rights arranged with Scholastic Ltd through EYA
(Eric Yang Agency)

이 책의 한국어판 저작권은 에릭양 에이전시를 통해 Scholastic Ltd와 독점 계약한
(주)김영사에 있습니다. 저작권법에 의하여 한국 내에서 보호를 받는 저작물이므로
무단 전재와 복제를 금합니다.

앗, 이렇게 재미있는 수학이!

수학이 자꾸 수군수군
4. 측정

샤르탄 포스키트 글 | 필립 리브 그림 | 오숙은 옮김

주니어김영사

수학이 자꾸 수군수군 4. 측정

1판 1쇄 인쇄 | 2011. 6. 30.
개정 1판 1쇄 발행 | 2019. 12. 5.
개정 1판 3쇄 발행 | 2023. 2. 27.

샤르탄 포스키트 글 | 필립 리브 그림 | 오숙은 옮김

발행처 김영사 | 발행인 고세규
등록번호 제 406-2003-036호 | 등록일자 1979. 5. 17.
주소 경기도 파주시 문발로 197(우10881)
전화 마케팅부 031-955-3100 | 편집부 031-955-3113~20 | 팩스 031-955-3111

값은 표지에 있습니다.
ISBN 978-89-349-9822-8 74080
ISBN 978-89-349-9797-9 (세트)

좋은 독자가 좋은 책을 만듭니다. 김영사는 독자 여러분의 의견에 항상 귀 기울이고 있습니다.
전자우편 book@gimmyoung.com | 홈페이지 www.gimmyoungjr.com

이 도서의 국립중앙도서관 출판시도서목록(CIP)은 서지정보유통지원시스템
홈페이지(http://seoji.nl.go.kr)와 국가자료공동목록시스템(http://www.nl.go.kr/kolisnet)에서
이용하실 수 있습니다. (CIP제어번호 : CIP2019031138)

어린이제품 안전특별법에 의한 표시사항

제품명 도서 제조년월일 2023년 2월 27일 제조사명 김영사 주소 10881 경기도 파주시 문발로 197
전화번호 031-955-3100 제조국명 대한민국 ⚠주의 책 모서리에 찍히거나 책장에 베이지 않게 조심하세요.

차례

엉터리 측정	7
선은 얼마나 길까?	18
어질어질 복잡한 옛날 단위들	34
모든 것을 위한 미터	62
큰 것들, 측정 바퀴, 10톤짜리 자	72
핀 머리에는 몇 미터나 들어갈까?	82
봉인된 상자 문제	89
맞는 도형을 찾아라	97
정사각형에서 카레 얼룩까지	104
무게 그리고 거의 모든 사람이 큰 실수를 저지르는 이유	124
반짝반짝 뒤죽박죽 대롱대롱 매달린 각도	128
덩어리와 혹, 그리고 원리에 관한 질문	141
여러분은 얼마나 빽빽할까?	159
시간을 통제할 수 없는 이유	173
와트에서 날씨까지	183
세상에서 가장 슬픈 측정	191

엉터리 측정

자, 수학에서도 가장 무시무시한 세계에 온 것을 환영한다. 여기는 이상하고 신기한 측정의 세계이다.

우리가 태어나서 채 10분도 지나기 전부터 측정이 우리 인생을 다스리기 시작한다. 왜? 몸무게를 재야 하니까. 몸무게를 재는 이유는 끝없이 수다를 떠는 할머니, 고모, 이모들에게 "어머, 보세요. 코가 마크 삼촌이랑 꼭 닮았어요." 하는 바보 같은 말 대신 뭔가 그럴  듯한 이야깃거리를 주기 위해서다. 그 후로 측정은 계속 우리 삶에 끼어들고 우리가 죽어서 기다란 나무 상자에 들어가기 전에도 사람들은 우리 몸을 잰다.

우리는 측정을 피할 수 없고, 무시할 수도 없고, 칠칠치 못하게 측정을 엉터리로 해서도 안 된다. 경찰 파일에 기록된 아래 이야기에서처럼 말이다.

도시: 미국 일리노이 주 시카고

장소: 글리츠 호텔 펜트하우스 스위트룸

날짜: 1930년 3월 13일

시간: 오후 11시 23분

"나를 무슨 괴물 보듯이 그렇게 쳐다보지 마세요." 기다란 토끼 귀를 한 여자가 말했다. "3분 후에 돌아올 테니까 얼른 움직

이라고요!"

"여기서 누가 우두머리인지 명심하시오." 면도날 보첼리가 점잔빼며 말했지만, 어두워진 아파트 안 곳곳에 흩어져 있는 나머지 여섯 남자는 쥐죽은 듯 조용했다. 돌리는 그런 엄포에 겁먹을 여자가 아니었다. 비록 뺨에 붙인 기다란 토끼 수염이 파르르 떨고 있었지만 말이다.

"이번 작전을 세운 사람이 누구인지나 명심하시죠." 돌리가 잽싸게 말을 받았다. "스토니가이 미술재단 만찬에 부활절 토끼 아르바이트 자리를 구한 사람이 누구죠? 이 아파트 열쇠를 훔친 사람이 누구냐 말예요? 그리고 백만 달러짜리 그림을 가지고 달아날 계획을 세운 사람이 누구예요?"

"형편없는 그림 하나가 어떻게 백만 달러나 하는지 난 아직도 이해가 안 가." 족제비 위즐이 말했다.

"맞아. 그림 가격이 그 정도라면 우리가 그리는 게 낫지 왜 그림을 훔쳐야 하지?" 전기톱 찰리가 거들었다.

"여러분은 300년 전에 유럽에서 죽지 않았으니까요." 돌리가 대답했다. "이제 뭘 해야 하는지 잘 알겠죠. 그 그림은 여기서 6층 아래 방에 있어요. 각 층의 높이는 4m고요."

"그럼 24m네." 홀쭉한 사내가 말했다.

"넘버스 말이 맞아. 다만 1m가 얼마나 되는지 몰라서 문제지." 위즐이 말했다.

"이건 프랑스 파리에서 온 신제품이에요." 돌리가 줄자를 던져 주면서 말했다.

"이 줄자는 1m짜리니까, 그 줄자로 밧줄을 재어 24m 되게 자르고 건물 옆벽을 따라 한 명이 밧줄을 타고 내려가서 그 그림을 가지고 나오면 끌어올리는 거예요."

"아까 밧줄이라고 했어요?" 외손가락 지미가 물었다.

"네, 밧줄요. 밧줄은 가져왔겠죠?" 돌리가 물었다.

여섯 명의 사내는 모두 면도날 보첼리를 쳐다보았다. 보첼리는 전등이 꺼져 있어서 다행이라 생각했다.

"밧줄은 필요 없어." 보첼리는 애써 똑똑한 척하면서 말했다.

"참, 그렇군!" 돌리가 코웃음 쳤다. "여러분 가운데 한 사람은 밧줄이 없어도 800m 높이에 매달릴 수 있다고 생각하나 보군요. 잘 알겠어요."

"그런데 당신은 부활절 달걀을 나눠줄 시간 되지 않았소?" 면도날 보첼리가 냉큼 끼어들었다.

"알아요. 하지만 잊지 마세요. 밧줄이 있든 없든, 나중에 루이기 식당에서 나랑 만날 때는 반드시 백만 달러짜리 그림을 가지고 와야 해요." 돌리가 말했다.

돌리는 토끼 꼬리를 오만하게 실룩거리면서 방을 나갔다.

"우리들 중에 누가 날 수 있다는 거야, 보첼리?" 삼겹살 포키가 물었다.

"네가 아닌 건 분명해." 위즐이 낄낄 웃었다.

"무거운 너를 내리느니 창문을 위로 올리는 게 더 쉬울걸."

눈 깜짝할 사이에 몸집이 거대한 포키가 위즐의 머리를 휴지통에 처박았다.

"내 형제를 놓아줘. 안 그러면 방아쇠를 당길 거야." 반쪽미소 가브리아니는 마치 마술을 부리듯 순식간에 도슨로치 98 권총을 겨누었다.

"그냥 농담한 것뿐이잖아."

"그래, 이 친구는 늘 농담만 하지." 전기톱 찰리가 말했다. "시도 때도 없이 농담만 해. 말이 났으니 말이지 우린 그게 정말 싫어."

"네 말이 맞아." 반쪽미소가 끄덕였다. "안 되겠다. 녀석을 휴지통 속에 그냥 둬. 안 그러면 방아쇠를 당길 테다."

"그런데 두목, 어쩌다 밧줄 가져오는 걸 깜빡했어?" 지미가 물었다.

"난 깜빡한 거 없어. 만약 일이 실패해서 경찰이 수색한다고 해 봐. 뭘 찾아내겠어?"

"권총 열두 자루쯤하고, 던지는 칼 세트, 수류탄 하나, 청산가리 반 통, 전기톱 하나, 그리고 시카고를 호수 너머 캐나다까지 날려 버릴 만큼 많은 다이너마이트."

전기톱 찰리가 대답했다.

"그래, 거기다 우리가 밧줄까지 가지고 있었다는 사실이 들통 나면? 그거야말로 수상쩍어 보일 거란 말이지." 면도날이 말했다.

"그럼 이제 어떡할 건데?" 포키가 물었다.

"우리가 하고 있는 멜빵과 허리띠를 모두 풀어야지." 면도날이 대답했다. "그런 다음 그걸 묶어서 긴 줄을 만드는 거야."

툴툴거리는 소리와 부스럭거리는 소리가 잦아들자 온갖 띠들을 묶어서 연결한 기다란 줄이 바닥에 놓였다.

"넘버스, 그 줄자로 재 봐." 면도날이 말했다.

"얼마나 나와?"

"정확히 24m." 넘버스가 대답했다.

"그렇다면 완벽하군! 이제 한 가지만 해결하면 돼. 누가 창문으로 나간다?" 면도날이 물었다.

"음… 음…." 조용한 가운데 휴지통 속에서 소리가 들렸다.

"위즐이 '나, 나' 하고 말하는 것 같아. 다들 어떻게 생각해?" 지미가 물었다.

"내 생각도 그래!" 모두가 한꺼번에 대답하고는 서둘러 휴지통을 벗겼다.

순식간에 위즐은 줄에 묶인 허리띠를 겨드랑이 아래에 감은 채 창턱에 앉아 있게 되었다.

"제발 부탁이야. 이렇게 높은 곳에 있다가는 죽을 거야!" 위즐이 훌쩍였다.

"높은 곳이 사람 죽였다는 소리 들은 적 있는 사람?" 지미가 물었다.

"맞아, 없어." 전기톱 찰리가 말했다. "높은 곳은 사람을 죽이지 않아. 높은 곳에서 떨어져서 바닥에 부딪쳤을 때 죽는 거지. 안 떨어지면 되잖아."

"이제 그만들 해. 우리 겁쟁이가 창밖으로 날아가도록 도와줘야지." 면도날이 말했다.

사내 여섯 명이 밀자 위즐은 밤하늘 속으로 날아갔다.

"으아악……!" 퉁!

여섯 명은 창턱 밖으로 얼굴을 빠끔히 내밀고 저 아래 어느 창문턱에 닿은 조그만 남자를 내다보았다. 위즐은 고개를 흔들고 눈을 비비더니 위쪽을 쳐다보았다. "와! 정말 대단했어!" 그가 씨익 웃었다.

여섯 명의 남자는 조심스레 남은 줄을 풀었다. "됐어." 위즐의 소리가 들렸다.

"그런데 어떻게 창문을 열지?"

"발로 차서 들어가면 되잖아." 면도날이 아래를 보며 소리쳤다.

"창문이 아주 단단한 것 같아. 줄을 꽉 붙잡아. 내가 몸을 흔들어서 창문에 부딪혀 볼게." 위즐이 말했다.

그때 위즐이 친구들의 얼굴을 보지 못했다는 것은 정말 유감이었다. 왜냐하면 한심한 그의 인생에서 이번만큼은 친구들에게서 거의 영웅 숭배와 같은 존경심을 자아냈기 때문이다.

"다들 두 손으로 줄을 꽉 잡아." 면도날이 명령했다.

"하지만 한 손은 바지를 잡고 있어야 해. 우리 허리띠와 멜빵이 모두 이 줄을 만드는 데 들어갔잖아." 반쪽미소가 투덜거렸다.

"두 손으로 꽉 잡으라면 꽉 잡아." 면도날이 눈물을 삼키면서 말했다. "저 밖에 있는 용감한 사나이는 지금 우리한테 목숨을 의지하고 있다고."

한 사람씩 천천히, 사내들은 나머지 한 손을 올려 줄을 잡았다. 그러는 사이 차례차례 바지들이 주르르 발목까지 미끄러져 내려갔다. 참으로 엄숙한 순간이었다.

"됐어, 위즐." 면도날이 소리쳤다. "멋지게 한 방 날려!"

조그맣게 보이는 그 사내는 힘차게 발을 굴러 건물 벽에서 몸을 날렸다가, 다시 두 발을 앞으로 뻗으며 그네를 타듯 몸을 앞뒤로 흔들기 시작했다.

장소: 메인 스트리트, 루이기 식당
시간: 3시간 17분 후

"그런 말은 듣고 싶지 않아요. 하지만 좋아요. 다시 말해 봐요." 돌리가 말했다.

식탁에 둘러앉은 일곱 명의 사내는 지난 두 시간 동안 퉁퉁 불어 고무가 돼 버린 파스타를 우울하게 바라보고 있었다. 전기톱 찰리는 심지어, 300년 전에 붓을 쥐고 유럽에서 죽는 게 차라리 낫지 않았을까 하고 생각하고 있었다. 그랬다면 적어도 여기서 콧수염이 축 늘어지고 구깃구깃해진 털북숭이 토끼 귀를 한 여자한테서 일장 연설을 듣는 신세는 아니었을 것이다.

"제대로 잰 게 맞아?" 면도날이 한숨을 쉬었다.

"물론이겠죠." 돌리가 말을 잡아챘다. "안 그랬다면 어떻게 인간 원숭이가 원래 가야 할 호텔 층보다 두 층 아래 창문을 깨고 들어간단 말이에요? 그것도 경찰이 송년회를 벌이는 식탁 한가운데로 곧장 미끄러져서? 어쩌다가 내일 오전에 법정에 출두하게 됐죠?"

"질문 좀 그만해요!" 지미가 투덜거렸다.

"네, 얼마든지." 돌리가 대답했다. "여러분이 대답만 하면 바로 입 다물죠. 거기 웃는 얼굴 아저씨, 어디 가세요?"

"화장실 좀 다녀오려고." 반쪽미소가 일어서며 바지를 추어올렸다.

"아이쿠, 가브리아니 씨." 웨이터 베니가 깜짝 놀란 목소리로 말했다. "허리띠가 어떻게 됐어요?"

"늘어났어." 반쪽미소가 대답했다.

"늘어나다뇨? 허리띠 가지고 뭘 했어요? 여기 뚱뚱한 양반한테 빌려 주기라도 했나요?"

"난 허리띠 빌리지 않았어요. 우리 모두 허리띠와 멜빵을 한

줄로 묶어야 했단 말이오." 삼겹살 포키가 대답했다.

"줄?" 돌리가 기겁했다. "무슨 줄요?"

"그러니까, 그게 어떻게 된 거냐 하면……."

그러나 돌리가 그보다 빨랐다.

"그러니까 당신네 돌대가리들이 허리띠와 고무줄 멜빵으로 24m짜리 줄을 만들었고 저기 쥐 같은 얼굴을 한 사람이 그 끝에 매달렸던 거로군요? 내 추측이 틀렸나요?"

남자들은 고개를 저었다. 돌리에게 틀렸다고 말하는 건 아무리 좋을 때라도 미친 짓이었고 더구나 지금은 확실히 좋은 때가 아니었다. 돌리는 또 한 번 붉으락푸르락하고 있었다.

"하지만 그 줄을 쟀을 땐 분명 24m였어요. 그 정도는 나도 알아요." 넘버스가 말했다.

"물론 그 줄은 24m였겠죠." 돌리가 한숨을 쉬었다. "저 사람 무게 때문에 늘어나기 전에는. 바보 멍청이 당신들이 측정을 엉터리로 한 거잖아요!"

"하긴 그것도 말이 되는 소리네요. 늘어난 길이 때문에 우리가 감옥에서 보낼 시간도 늘어나게 됐으니 말이에요." 위즐이 말했다.

"이 판국에 또 농담이야." 전기톱이 투덜거렸다.

적어도 베니는 웃었다. 다음 순간 모두가 베니를 돌아보았다. 그래서 베니는 재빨리 입을 막았다.

선은 얼마나 길까?

여러분이 하는 측정은 대부분 어떤 것이 얼마나 긴지 알아보는 길이에 관한 것이다. 그래서 여러분을 위해서 수천 년 동안 전해 내려온 은밀한 비법을 공개한다.

| 길이를 재야 할 물건의 바로 옆에 자나 줄자를 놓는다. |

정말 간단하고 멋진 비법이지? 특히 여러분이 재려고 하는 것이 딱 떨어지는 길이라면 말이다.

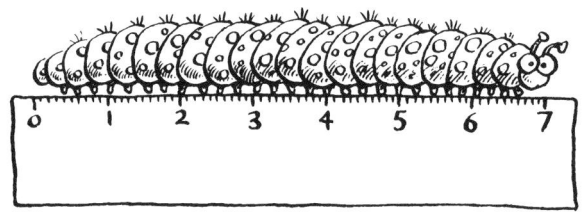

이 애교 많은 꼬마 애벌레는 정말 친절하게도 정확히 7cm이다. 얼마나 귀엽고 착한 애벌레인가. 그러나 슬프게도, 세상은 잔인한 곳이어서 이런 일이 생기고 만다.

이제 자연의 잔인함에서 눈길을 돌려 자를 정확히 읽는 법에 관해서 우리가 아는 것을 확인해 보자. 자에는 기다란 눈금과 함께 이렇게 작은 눈금들도 새겨져 있다.

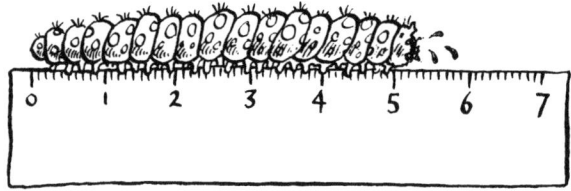

이 자에서 긴 눈금은 저마다 정확히 1cm 간격으로 그려져 있다. 긴 눈금들 사이의 간격은 다시 10개의 작은 간격으로 나뉜다. 이 말은 작은 눈금이 각각 0.1cm 다시 말해 1mm라는 뜻이다. 작은 눈금을 쉽게 세도록 보통 다섯 번째 눈금은 조금 더 길게 그려져 있다. 애벌레에서 남은 부분을 잴 때는 한쪽 끝을 '0'에 맞추고 다른 쪽 끝이 어디까지 이르는지 보면 된다. 위 그림에서 애벌레는 5cm 큰 눈금까지 뻗어 있고 그 다음 세 번째 작은 눈금에서 끝난다. 그렇다면 애벌레의 길이는 5.3cm라는 뜻이다.

때로 여러분은 이렇게 생긴 자를 보기도 할 것이다.

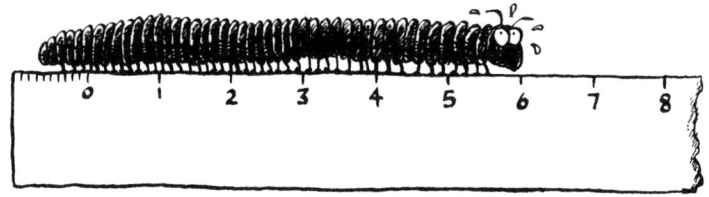

이 자를 만든 회사에서는 굳이 자 전체에 작은 눈금을 그려 넣지 않았다.

대신에 0이 있는 한쪽에만 작은 눈금들을 그려놓았다. 이 지네의 길이를 측정하려면 지네의 한쪽 끝을 '0'에 놓은 뒤 지네를 살짝 오른쪽으로 밀어서 다른 쪽 끝이 정확히 cm를 가리키는 큰 눈금 위에 오도록 한다. 이 경우 여러분은 이 지네가 6cm 더하기 작은 눈금 7개라는 걸 알게 될 것이다. 그러니까 전체 6.7cm라는 얘기다.

첫 번째 실험!

재미있지? 자에 관해 모든 것을 알았으니 이제 인류의 이익을 위해 이 지식을 사용할 시간이다. 그렇다면 진짜 축축하고 무시무시한 측정을 해 보자.

겁먹지 말도록. 전혀 그런 게 아니니까 여러분이 할 일은 이 책의 너비가 얼마인지 재는 것이다. 그러니 이 책 위에 가로로 자를 놓고 눈금을 읽어 보라.

답은 0.0001382567km가 나올 것이다.

이 답이 마음에 들지 않는다면 다른 방법으로도 말할 수 있다. 이 책의 너비는 1382567000옹스트롬이다. 어쩌면 여러분은 0.00000000000000001455334광년을 더 좋아할지 모르겠군. 어때?

아, 그렇다면 좋다. 밀리미터로 나타낸다면 이 책의 너비는 138.2567mm이다.

물론 그것도 일리 있는 답이다. 그러나 앞에서 보았듯이, 측정은 겉보기만큼 그렇게 간단하지가 않다. 가장 쉬운 측정을 할 때도 여러분은 다음 두 가지를 확실히 해야 한다.
- 가장 알맞은 단위를 결정한다.
- 얼마나 정확히 측정해야 하는지 이해한다.

알맞은 단위
어떤 것을 측정하면서 사용하는 단위는 여러분이 재려고 하는 것과 비슷한 '수준의 크기'여야 한다. 이 말은 단위가 지나치게 크거나 지나치게 작아서는 안 된다는 뜻이다. 사실, 이 책의 너비를 km로 나타냈다고 틀렸다고 할 수는 없다. 그러나 0이 너무 많으면 바보 같아 보일 뿐 아니라, 자칫하면 0을 하나 빠뜨리거나 더하는 실수를 하게 된다.

1km는 1,000m와 같다. km 단위는 여러분이 방학 때 가게 될 캠프까지 얼마나 되는지 등의 거리를 잴 때 쓰인다. 그러니 책 크기를 측정하는 데 km는 너무 크다. 마찬가지로 캠프까지 거리를 측정하기에 mm는 너무 작다. 방학 내내 소파 한 구석에 떨어져 신 나게 보낼 계획이 아니라면 말이다.

1광년은 빛이 1년 동안 이동하는 거리를 말한다. 두말할 필요도 없이 빛은 터무니없을 만큼 무책임한 속도로 쌩하니 움직인다.

　빛은 불과 1년이면 약 9조 5,000억 km를 간다. 그래서 광년은 멀리 떨어진 별들이나 외계 은하의 거리 같은 어마어마한 길이를 나타낼 때 쓰인다. 그렇기 때문에 이 책을 광년으로 재는 것은 킬로미터로 재는 것보다 더 바보 같은 짓이다.

　그런 한편 '옹스트롬'은 0.0000000001m, 다시 말해 100억분의 1m와 같다. 원한다면 1옹스트롬을 10^{-10}m로 나타내도 된다. 이것이 무엇을 뜻하는지는 나중에 알아보기로 하자. 옹스트롬은 원자나 빛의 파장처럼 진짜 아주아주 작은 물질을 측정할 때 쓰이는데, Å 이라는 꽤나 근사한 부호로 표시한다.

　미터 자체는 책 크기와 비슷한 수준이므로 이 책의 가로는 0.14m라고 써도 괜찮을 것이다. 그러나 보통 소수점 앞에 숫자가 있는 것이 더 나아 보인다. 1m는 1,000mm니까 이 책의 너비는 140mm라고 할 수 있다. cm를 더 좋아하는 사람들도 있다. 1m는 100cm니까 이 책의 너비는 14cm라고 해도 좋다. 이 책 52페이지에 '킬로', '센티', '밀리' 같은 낱말을 모두 모아 놓은 완벽한 목록이 있다.

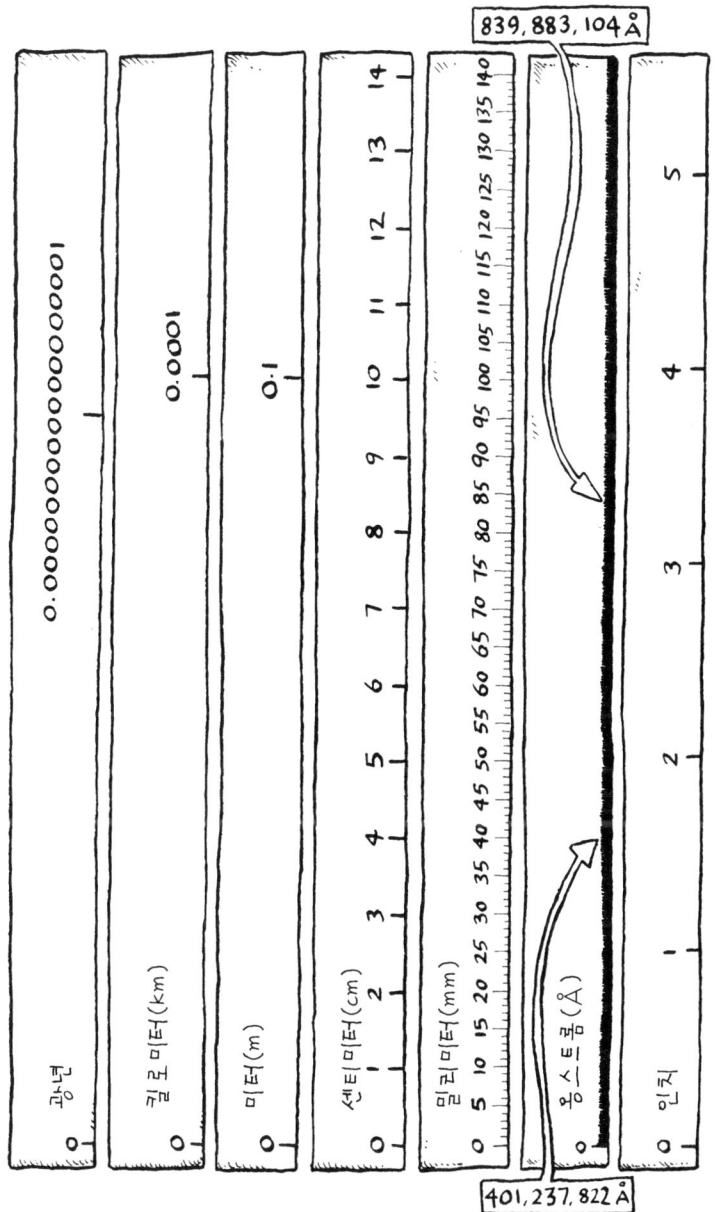

앞 페이지에 단위들의 크기가 서로 얼마나 다른지 비교해 놓았으니 잘 보도록. 이 일곱 개의 눈금자는 각각 광년, 킬로미터, 미터, 센티미터, 밀리미터, 옹스트롬, 그리고 재미를 위해 넣은 옛날 서양식 '인치' 자이다.

여러분이 좋다면 어떤 크기 단위를 사용하든 말릴 방법은 없겠지만, 0이 너무 많이 들어갈 경우 좀 골치 아파진다. 우선 0이 몇 개 들어가는지 계산하다 보면 세월이 다 갈 것이다. 그리고 여러분이 그 많은 0을 무사히 적어 넣는다 하더라도 다른 사람들이 그걸 세느라 눈알이 빠질 것이다.

사실 이 책을 쓰는 동안에도, 앞에서 우리가 보았던 광년 단위에 0이 몇 개 들어가야 하는지를 둘러싸고 흔히 보는 패싸움이 벌어졌다. 하지만 늘 그렇듯이 글쓴이가 옳았다는 거!

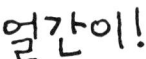

이런! 《수학이 자꾸 수군수군》 편집부 직원들이 밤사이 인쇄 공장에 몰래 들어와서 이 책에 낙서를 해놓은 모양이군. 참으로 한심한 사람들이다. 우리는 그들을 무시하고 계속 진도를 나가기로 하자.

정확도

여러분이 정확하게 측정해서 이 책의 가로가 138.2567mm

임을 밝혔다고 해도 그건 시간 낭비다. 이유가 뭐냐고?
- 책이 축축해지면 불어서 138.9874mm가 될 테니까.
- 책이 뜨거워지면 주글주글 오그라들어서 137.4553mm가 될 테니까.
- 누군가 너무 흥분해서 책장을 넘기다가 책이 늘어나서 140.0112mm가 될지도 모르니까.
- 모서리가 절대 완벽한 직선은 아닐 것이다. 이 책 모서리를 확대하면 아래와 같을걸.

여러분이 이 책을 읽는 사이, 종이의 작은 펄프 덩어리나 구멍들 때문에 많게는 0.5mm까지 너비가 달라질 수도 있다. 그러니 138.2567mm라는 측정값은 별로 쓸모가 없다.

그러나 굳이 그렇게 많은 숫자로 나타낼 필요가 없는 가장 중요한 이유는 아무도 신경 쓰지 않기 때문이다.

그러면 도대체 어느 자리까지 신경 써야 할까? 사실 그건 여러분이 무슨 일을 하느냐에 따라 다르다. 만약 그 일이 두뇌 이식 수술이어서 아주 작은 신경 말단들을 제자리에 연결시켜야 한다면, 여러분은 정말 정밀하게 100만분의 1m까지 알아내야 할 것이다. 만약 두뇌 신경을 엉뚱하게 연결했다간 환자가 손으로 무릎을 긁어야 할 때 발로 자기 코를 차게 될지도 모르거든. 반대로 여러분의 햄스터가 죽어서 땅에 묻어 주려 한다면 대충 1m 깊이의 구덩이를 판다면 충분하다.

앞에서 보았듯이, 이 책을 측정한 값은 140mm라고 나타내면 충분할 것이다. 여러분이 그보다 좀 더 정확한 값을 원한다면 138mm라고 할 수도 있다. 그러나 그 정도로 됐다! 그 뒤에 더 많은 숫자를 넣는다면 여러분은 앞뒤가 꽉 막힌 딱한 사람처럼 보인다.

물론 우리 《수학이 자꾸 수군수군》 독자들 가운데는 지나치게 열성적이어서 괴로울 만큼 정확하게 이 책을 측정한 사람도 한두 명씩은 꼭 있을 것이다. 그런 사람은 아까는 똑똑해 보였을지 몰라도 지금은 창피해서 쩔쩔매고 있을 것이다. 뭐 그렇다고 걱정할 필요는 없다. 도움의 손길은 가까이 있으니까.

멋있게 보이기와 반올림하기

여러분이 살아가면서 무슨 일을 하든, 한심하게 보이지 않으려면 반드시 익혀 두어야 할 몇 가지 비법들이 있다. 예를 들어 야구 선수라면 손가락 끝으로 공에 회전을 넣을 줄 알아야 한다. 그걸 못하면 여러분은 아무것도 아니다. 만약 목사라면 교회 모임에서 찻잔을 받침접시 위에 제대로 놓고, 끈적끈적한

빵을 먹고, 몇몇 아주머니들과 악수하고, 바람에 날아가는 추첨권을 잡는 이 모든 것을 한꺼번에 할 수 있어야 한다.

벌목꾼은 가시에 찔려도 절대 울어서는 안 되고, 초보 의사는 환자가 잠이 많다는 것을 몸이 약하다는 신호로 여길 줄 알아야 한다. 그리고 여러분이 햄스터라면 적어도 2주일 치 저녁 식사를 두 볼에 채워 넣을 수 있어야 한다. 그걸 못하는 햄스터 여러분은 사회 부적응자이다.

햄스터를 위한 경고 한마디- 3주일 치 식량을 볼 안에 넣어 두려 애쓰지 말 것. 그건 굉장히 멋있어 보일지 몰라도 여러분의 작은 몸집을 생각하라. 여러분은 그걸 감당하지 못할 뿐 아니라 1m 깊이 구덩이에 묻히는 신세가 될 것이다.

수학에서는 '반올림'을 익히지 않으면 어깨 펴고 뻐기면서 다닐 수 없다. 반올림은 측정해서 얻은 그 많은 숫자들을, 가능

한 한 정확한 값에 가깝게 유지하면서 솜씨 좋게 간단히 줄이는 기막힌 방법이다. 반올림은 그 자체로 완전한 하나의 예술로, '유효 자릿수' 같은 아주 근사한 내용을 포함하고 있지만, 애석하게도 여기서는 전부 다룰 여유가 없다. 알고 싶은 사람은 《수학이 자꾸 수군수군-셈》을 볼 것.

지금 당장 여러분이 할 일은 숫자가 몇 개 필요한지 판단하고 나머지 숫자 자리에 0을 대신 넣으면 끝이다. 그러나 그 다음에 오는 숫자가 무엇인지 봐야 한다. 만약 그것이 '5'나 그보다 더 큰 숫자라면 마지막 숫자에 1을 더해 준다. 여기 우리의 바보 같은 측정 결과가 또 나왔다.

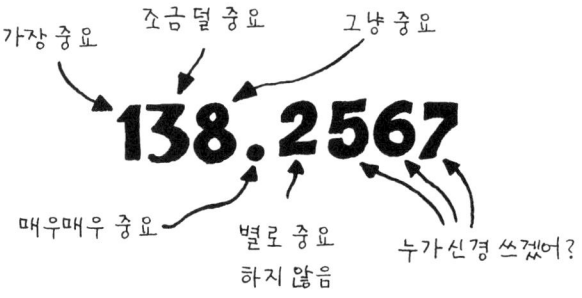

그럭저럭 정확하게 하고 싶다면, 가장 중요한 숫자 세 개만 사용하면 된다. 그러면 138.0000이니까 138과 같다. 아주 정확하게 하고 싶다면 138.3이라고 쓸 것이다. 처음 네 개의 숫자가 138.2이지만 그 다음의 숫자가 5여서 마지막에 있는 2에 1을 더했기 때문이다. 그냥 중요한 숫자 두 개만 나타내고 싶어서 138을 반올림하면 그 결과는 140이다.

조금이라도 의심이 가는 사람은 자를 가지고 이 책을 측정하는 장면을 상상해 보자.

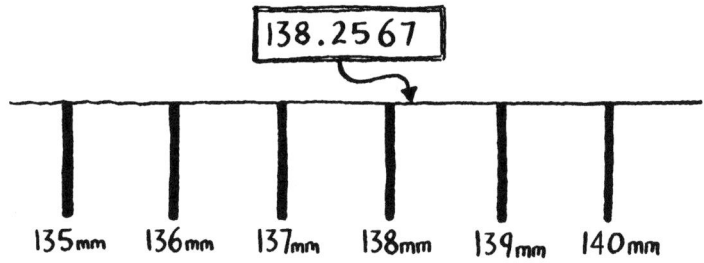

여기서 어느 눈금이 정확한 측정치에 더 가까운지 판단해 보라. 바로 그것이 여러분이 해야 할 일이다.

정확도 - 그리고 사라지는 책!

이따금 여러분은 측정을 얼마나 정확하게 할 것인지 하는 얘기를 듣게 될 것이다. 이것을 유식하게 말하면 '정확도'라고 한다. 어떤 측정값을 '유효숫자 두 개', '유효숫자 세 개'로 나타내라고 하거나, 여러분이 뇌를 수술하는 외과의사라면 '유효숫자 열 개'로 나타내라는 말을 들을지 모른다. 그러면 여러분은 필요한 자릿수만큼 숫자를 쓰고 앞에서 본 것처럼 반올림하면 된다. 그러나 그보다는 '미터 근사치', '밀리미터 근사치', 심지어는 '광년 근사치'니 하는 소리를 들을 기회가 더 많을 것이다. 보통 이런 말은 측정값을 소수점 이하로 나타내지 말라는 뜻이다.

마지막으로 다시 한 번만 책의 너비를 보자. 밀리미터로는 138.2567mm였다. 그렇다면 이것을,

- 밀리미터 근사치로 나타내면 138mm이다. 참 쉽죠 잉!
- 센티미터 근사치로 나타내면? 이 책이 너비가 138mm니까 13.8cm이지만 이걸 반올림해서 14cm가 된다.

- 10mm 근사치로 나타내면? 이것은 1cm 근사치로 나타내는 것과 같지만, 자릿수 칸에 0 하나를 더 붙여 mm로 표시해야 한다. 이 경우는 140mm이다.
- 미터 근사치로 나타내면? 재미있는 게 나왔다. 우선은 mm를 m로 바꿔야 하니까 이 책의 너비는 0.1382567m이다. 그러면 미터 근사치는 얼마일까? 다시 말하지만 우리에게 필요한 것은 '정수'로 된 m이다. 앞에서도 말했듯이 소수점 뒤에 아무것도 와서는 안 된다. 결국 이것은 이 책의 너비를 미터 근사치로 나타내면 0이라는 말이다. 와우! 여러분은 방금 책이 사라지는 놀라운 마법을 부렸다!
- 광년 근사치로 나타내면? 너무 바보 같은 소리라 생각할 필요도 없다.
- 옹스트롬 근사치는 어떨까? 이것도 바보 같은 소리다. 그러나 이 책의 너비를 꼭 옹스트롬으로 알아야겠다는 고집불통 친구가 있다면 방법은 세 가지다.

1. 제대로 된 장비가 있는 큰 물리 실험실을 찾아가 측정한다. 하품 나겠지?

2. 연구원들에게 설명하고 난처하게 만든다.

3. 농담이다. 처음 측정한 값을 옹스트롬으로 바꾸면 1,382,567,000 Å 이다. 그러나 마지막 세 개의 0은 여러분이 제대로 측정하지 않았음을 말해 준다. 정확하게 보이려면 조금 더 보태서 1,282,567,002 Å 으로 만들 것.

만약 누가 여러분더러 그 숫자를 꾸며 낸 게 아니냐고 의심하는 일이 있어도, 직접 측정하지 않는 이상 뭘 어쩌지 못할 것이다. 하하하, 고소해라!

- 절반 밀리미터 근사치는? 때로 정확도를 조금 더 높이고 싶어서, 절반 단위로 나타내라고 할지도 모른다. 그렇게 되면 답은 항상 어림수가 나오기보다는 0.5로 끝나는 경우가 생긴다. 상식적으로 판단해 보도록. 138.2567mm는 138.0mm에 더 가까울까 138.5mm에 더 가까울까? 다시 한 번 자를 보자.

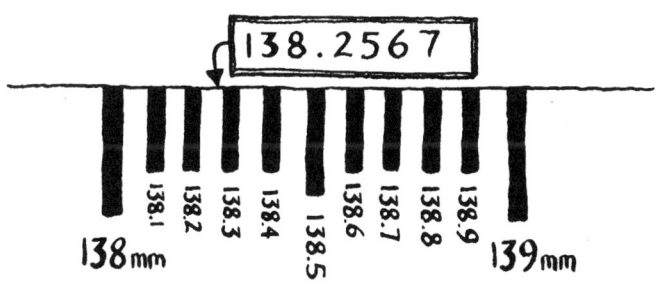

138.5mm 눈금에 아주 조금 더 가깝다. 그러면 답은 138.5mm라고 해야 하겠지?

자, 여기까지가 선을 측정하는 기본 방식이다. 여러분도 알다시피 약간의 상식만 있으면 어떤 것이든 올바른 크기 단위로 올바른 정확도에 따라 측정할 수 있다. 물론 세상에는 서로 다른 온갖 사물을 측정하는 온갖 종류의 단위들이 있으므로, 여러분이 어떤 단위를 사용할 것인지 확실히 정해야 한다. 그 이유는 다음 장에 나온다.

어질어질 복잡한 옛날 단위들

펙, 파인트, 페니웨니트, 또는 말 한 마리는 손이 몇 개?

갑자기 긴급한 상황이 닥쳤다. 여러분은 당장에 돈이 좀 필요하다. 그래서 가장 확실한 일을 한다. 바로 화장실 욕조를 팔기로 한 것이다. 누군가 여러분에게 전화해서 여섯 가지 질문을 한다. 그런데 여러분의 대답이 뒤죽박죽이다.

여러분은 질문에 맞는 답을 짝지을 수 있는지?

다행히 요즘에는 이 모든 것을 정리할 간단한 비법이 몇 가지 있다.

> 길이를 나타내는 말에는 센티미터처럼,
> 항상 '미터'란 말이 들어간다.
>
> 무게를 나타내는 말에는 킬로그램처럼,
> 항상 '그램'이란 말이 들어간다.
>
> 액체의 양(또는 '용적' – 어떤 그릇에 얼마나
> 담을 수 있는지 뜻하는 말)을 나타내는 말에는
> 항상 '리터'란 말이 들어간다.

위에 말한 세 가지 측정 외에, 시간을 측정할 때는 항상 시와 분을 사용한다. 만약 수도꼭지의 수를 말하고 싶으면 그냥 수도꼭지 개수만 말하면 된다. 물론 이 욕조의 색깔을 나타낼 때는 숫자를 사용할 필요가 없다. 욕조 색깔을 볼 때 선글라스를 써야 할지는 몰라도 말이다.

이번에는 과거로 시간여행을 떠나 다시 한 번 이 욕조를 팔려고 해 보자. 전화기는 아직 발명되지 않은 때이므로, 대신에 화살이 날아와 여러분의 의자 팔걸이에 꽂혔다. 욕조에 관한 질문을 적은 쪽지를 달고서 말이다. 여러분은 양피지에 대답을 쓰고 그것을 비둘기 발에 묶고 창밖으로 날려 보낸다.

불행하게도 여러분은 모든 것을 다시 뒤죽박죽 만들어 버린다.

질문에 맞는 답을 찾아내기는 좀 힘들지? 물 꼭지와 색깔에 관한 답은 분명하다. 시간에 관한 답 역시 분명하다. 수백 년 전에도 사람들은 시와 분을 사용했으니까. 그러나 나머지 세 개의 답은 옛날에 물건을 측정하던 방법을 보여 주는 보기이다. 실제로 이것들은 소름끼치는 수학 문제가 될 수도 있다!

그보다도 더 먼 역사 속으로 올라가 보자……

* 완척은 성경에서는 '규빗'이라 표현됨.

물론 그 다음 이야기는 여러분도 알겠지. 양치기 소년 다윗은 새총으로 돌멩이를 날려 골리앗을 쓰러뜨리고 훗날 이스라엘 왕이 되었다.

여기서 흥미로운 점은 이것이다. 골리앗은 얼마나 컸을까?

옛날 사람들이 사물을 측정할 때 사용하던 단위는 모두 사람 몸을 기준으로 했다.

- **완척(腕尺)**이란 팔꿈치부터 가운데손가락 끝까지의 길이를 말한다.

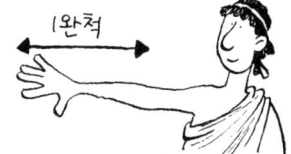

- **뼘**은 손을 쫙 벌렸을 때 엄지손가락과 새끼손가락 사이의 최대 거리이다. 그리고 두 뼘은 1완척과 같다. 여러분이 직접 손과 팔로 실험해 봐도 좋다.
- **장척**은 손의 너비이다.
- **디지트**는 손가락 너비이다. 한 장척은 4디지트이고 한 완척은 24디지트이다.

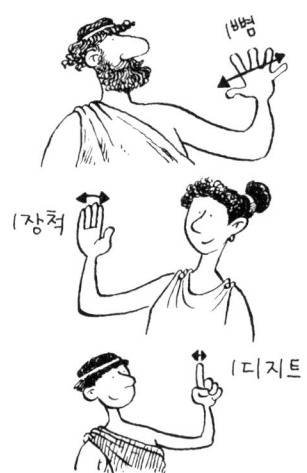

그래도 모르겠어요. 골리앗이 대체 얼마나 컸냐고요?

완척, 뼘을 비롯해 나머지 단위들 모두 어디가 잘못됐는지 여러분은 눈치챘는지? 맞다! 사람마다 몸 크기가 다르기 때문에 길이가 들쭉날쭉하다. 어른을 기준으로 측정한다고 해도, 키가 큰 어른도 있고 작은 어른도 있으니 1완척은 40~50cm쯤 될 것이다. 그렇다면 골리앗의 키는 6완척에 1뼘이니까 크게는 3m 25cm이거나, 작게는 2m 60cm였을 것이다. 만약 여러분이 옛날 영국에 태어났기 때문에 멋진 미터법을 모른다면, 골리앗의 키는 적어도 8피트 6인치라고 계산할 것이다. 그러나 여러분이 그보다 더 옛날 사람이라면 골리앗을 직접 만났을지도 모르지.

아무래도 사람들은 더 나은 측정법을 생각해 내야 했다. 그렇게 해서 수백 년 동안 영국에서는 '영국' 표준이 쓰였다. 여기에는 '피트'라는 측정법도 있었다. 이것이 발 길이를 기준으로 한 단위라는 사실을 알면 놀랄 사람이 많겠지? 옛날 사람들은 별로 세련되지 못했거든. 발은 'foot'이고 그 복수형이 'feet'이다. 발 하나 길이가 1풋, 그 이상일 때는 2피트, 3피트 식으로 나간다.

물론 '피트' 역시 잘못될 수 있었다…….

혼란을 피하기 위해서, 사람들은 피트 단위를 표준화해 누가 재든 똑같은 길이가 나오도록 했다. 그보다 짧은 사물을 측정할 때는 피트를 열두 개로 나눈 단위인 '인치'를 사용했다. 차라리 '발가락'으로 나눠 1풋은 다섯 '발가락'이라고 하면 더 그럴듯하지 않았을까? 아쉽게도 옛날 사람들은 그걸 생각해 내지 못했다.

피트 단위는 꽤 짧았기 때문에 축구장처럼 긴 것을 재려면 '보'를 사용해야 했다. 보통 걸음으로 한 걸음 걸은 길이를 1보라고 하는데, 거리를 잴 때는 아주 편리했다.

말할 것도 없이 보 역시 정확하지 않았기 때문에, 나중에는 보 대신 '야드'를 쓰기 시작했다. 1야드는 3피트(보통 어른의 큰 걸음 하나 길이)와 같으므로 매우 간단하고 편리하다. 여러분이 야드와 거석 야드를 헷갈리지만 않는다면 말이다.

걱정할 필요는 없다. 여러분 나이가 4,000살이 넘지 않았다면 거석 야드를 쓸 일은 없을 테니까. 학자들은 석기 시대 사람들이 세운 커다란 돌 유적들을 조사하다가 스톤헨지가 일정한 측정 단위를 사용해 만들어졌다고 생각하고 그 단위에 거석 야드라는 근사한 이름을 붙였다. 거석 야드는 보통 쓰이는 야드보다 조금 짧다. 하지만 석기 시대 사람들은 우리보다 키가 조금 작았으니까, 그 사람들 역시 보폭으로 거리를 측정했다는 사실을 말해 주는 것일지도 모른다!

로마 시대 측정 이야기

두 동네 사이의 거리를 측정할 때, 피트나 야드 단위는 너무 작아서 불편하다. 그래서 이 불편함을 해결하기 위해 고대 로마 인들은 '마일'을 사용했다. 문제는 로마 마일이 로마 식 1,000보 길이라는 것이다. 더욱 헷갈리게도 로마 인들은 두 걸음을 1보로 계산했다.

로마 식 보를 측정하는 방법
- 굽이 뾰족하고 높은 구두 한 짝을 오른발에 신는다.
- 바닷가 모래밭을 걷는다.
- 내 꼴이 얼마나 우스울지 생각하지 않는다.
- 모래밭에 파인 작은 구덩이 사이의 거리가 로마의 1보이다.

로마 인들이 유럽 곳곳을 돌아다니며 가는 곳마다 정복한 덕택에, 유럽 대부분 지역에서는 마일로 거리를 측정했고, 따라서 마일은 누구나 사용해야 하고 사용하고 싶은 표준 거리 단위가 되었다.

결국 먼 거리를 측정하고자 할 때는 아래 두 가지 가운데 한 방법을 선택했다.
- 굽이 뾰족한 구두 한 짝을 신고 그 거리를 걸어 몇 보인지 측정한 다음 그것을 1,000으로 나눈다.
- 아니면 1마일이 몇 야드인지 계산해서 그 거리를 측정한다.

이때 들리는 나쁜 소식 두 가지

1. 안타깝게도 두 가지 방법 모두 조금 답답했다. 그래서 뾰족구두 한 짝을 신고 다니는 짓은 하지 않기로 했다.

2. 계산해 보니 1마일이 1,760야드였다. 1,760이라니, 수가 좀 지저분해 보이지?

어쨌든 지금까지 나온 영국 표준 체계를 정리해 보면

- 1풋은 12인치였다.
- 1야드는 3피트였다.
- 1마일은 1,760야드(또는 5,280피트)였다.

사실 그 체계는 이보다도 훨씬 더 끔찍스러웠다. 들판이나 경마장 같은 것을 측정하다 보니, 야드는 너무 작고, 마일은 너무 컸던 것이다. 그래서 사람들은 야드와 마일 사이에 또 다른 길이 단위를 만들었다. 그렇게 해서 생긴 것이……,

- 1로드는 $5\frac{1}{2}$야드였다. '로드'는 막대기란 뜻인데 같은 뜻을 지닌 '폴', '퍼치'로 대신 쓰기도 한다.
- 1체인은 4로드, 폴, 퍼치였다.
- 1펄롱은 10체인이었다.
- 1마일은 8펄롱이었다.

세상에 이보다 더 끔찍할 수 있을까?

물론 있고말고.

위에 말한 단위들을 잴 때는 '건터 체인'이라는 측량 도구를 사용한다. 이것은 일정 길이의 쇠막대 체인으로 길이가 22야드(또는 66피트)이다. 물론 정말로 더 헷갈리고 싶다면 100피트 길이의 '공학자 측쇄'를 사용하면 된다.

건터 측쇄는 넓이를 측정하는 기본으로도 쓰였다. 만약 길이가 1체인이고 너비가 10체인인 땅이 있다면, 그것이 1에이커였다. 이걸 계산해 보면 4,840제곱야드가 나온다. 제곱야드와 제곱미터는 나중에 108쪽에서 더 설명하겠다. 물론 그 땅이 꼭 반듯한 모양일 필요는 없지만, 그래도 전체가 4,840제곱야드라면, 어쨌든 넓이는 1에이커다.

- 그렇지만 스코틀랜드에서는 달랐다. 옛날 스코틀랜드에서 1에이커는 6,150제곱야드였다(그리고 스코틀랜드 1마일은 1,976야드였다).
- 아일랜드에서도 달랐다. 아일랜드에서 1에이커는 7,840제곱야드였다(그리고 아일랜드 마일은 2,240야드였다).

신경 쓸 것 없다. 여러분이 알아야 할 건 이게 전부니까. 참, 바다로 나갈 계획만 없다면 말이다.

물의 깊이는 패덤으로 재는데 1패덤은 6피트다. 아, 그리고 120패덤은 1 '케이블'이다. 바다를 항해할 때는 심심할지 모르니까, 보통 쓰는 마일 대신 조금 더 긴 '해리'를 사용한다.

1해리는 6,080피트고 3해리를 1 '리그'라고 한다. 골치 아프지? 지금쯤 농담 한 마디 할 시간이 된 것 같지?

그래, 좀 썰렁한 농담이긴 했지만, 그래도 없는 것보다 낫다. 어쨌든 상상해 보라. 학교에서 이 모든 복잡한 단위들을 배워야 했다면? 그뿐이 아니다. 그 모든 수를 계산해야 하는데 계산기가 없었으니, 1,760 같은 수를 곱하고 나누고 하는 법까지 알아야 한다. 그런데 정말 다행스럽게도, 이 복잡한 단위들을 불만스러워하던 사람들이 있었다.

거리 측정 얘기는 이쯤에서 그만하고, 무게를 볼까? 옛날 영국에서 무게를 재던 주요 단위는 온스(oz), 파운드(lb), 스톤(st), 헌드레드웨이트(cwt), 톤(T) 등이 있었다.

- 1파운드는 16온스였고, 1스톤은 14파운드였다.
- 1짧은 헌드레드웨이트는 100파운드였다(미국에서 사용했다).
- 1긴 헌드레드웨이트는 112파운드였다.
- 1톤은 20헌트레드웨이트(2,240파운드)였다.

물론 이것은 가장 널리 쓰이던 상형 체계 즉 아봐르뒤푸아 체계만 이야기한 것이다.

보석이나 귀금속 무게를 잴 때는 금형 체계 즉 트로이 체계를 사용하곤 했다.

- 1페니웨이트(dwt)는 24그레인이었다.
- 1금형 온스(ozt)는 20페니웨이트였다.
- 1금형 파운드(lbt)는 12금형 온스였다.

금형 체계는 정확히 무게가 1페니웨이트인 실버 페니라는 작은 동전을 기본으로 한 단위 체계였다. 1그레인은 옥수수 낟알 하나의 무게라고 했다.

물론 아니었다. 만약 같았다면 훨씬 쉬웠을 텐데 말이다. 사실은 금형 온스가 조금 더 무거웠다. 그러나 거꾸로, 상형 파운드는 금형 파운드보다 더 무거웠다. 상형 파운드는 12온스가 아닌 16온스였기 때문이다.

영국 표준을 정한 사람들은 무게와 길이뿐 아니라 용적─액체의 양을 일컫는 말─도 측정하고 싶어 했다. 그래서 특별한 방법을 고안했다.

들쭉날쭉 아이디어

 그래서 1액량 온스의 물은 1온스와 똑같은 무게임에도 불구하고, 모든 사람이 더욱 더 우스꽝스러운 수들을 사용하게 되었다. 다시 말하지만, 중요한 점은 액량 온스는 용적을 측정하는 것이지, 무게를 측정하는 것이 아니란 것이다. 만약 여러분에게 1액량 온스의 수은(수은은 물보다 무겁다)이 있다면, 그것의 부피는 1액량 온스의 물과 같겠지만, 물보다 훨씬 무거울 것이다.

농부들은 옥수수를 사고 팔 때 이 용적 단위를 사용했다. 그러나 갤런 단위가 좀 작았기 때문에, 곡물 2갤런을 기준으로 한 '펙'과, 4펙을 기준으로 한 '부셸'을 사용했다.

그것은 너무나 복잡하고 헷갈리는 측정 체계였다. 이 이상한 말들과 측정법들 거의 전부가 1970년대까지도 여전히 쓰이고 있었지만, 놀랍고도 기막힌 '미터'법이 고안된 것은 지금으로부터 약 300년 전의 일이었다.

프랑스 인들을 좋아할 만한 이유

그렇다. 여러분은 프랑스 인들의 공로를 인정해야 한다. 전 세계 모든 사람이 훨씬 간단히 사용할 수 있는 미터법은 프랑스 인들이 개발했으니까.

우선 프랑스 인들은 어느 정도 길이를 1m로 할지 정해야 했으므로, 적도에서 파리를 거쳐 북극점까지 거리의 1,000만 분의 1을 1m로 하기로 했다.

그 거리를 계산하고 난 이들은 특수 금속 막대 위에 정확히 1미터 간격으로 두 개의 선을 표시했고, 그 간격이 전 세계에서

측정의 기초로 쓰이기 시작했다. 안타깝게도 파리에 보관된 금속 막대 위에 새긴 두 선이 지나치게 쉽고 간단하다고 생각한 몇몇 사람들은 1983년 한바탕 소란 끝에 빛이 진공 상태 속에서 $\frac{1}{299,792,458}$ 초 동안 지나간 거리를 1m로 하기로 결정했다. 여러분은 그 길이의 차이를 알지 못할 것이다. 그런데 왜 그들은 새로운 방식을 만들고 싶었을까? 측정하는 사람들은 자기만 아는 고집쟁이여서 엄청나게 번쩍번쩍한 장비가 있어야 하기 때문이다. 정치가들이 자기주장만 고집하면 더 똑똑해 보일 거라고 생각하는 것과 비슷하다.

물론 미터는 어떤 것을 재기엔 너무 길고 또 어떤 것을 재기엔 너무 짧았다. 그러나 프랑스 인들은 바보 같은 다른 이름들을 만드는 대신, 미터를 10, 100, 1,000으로 곱하거나 나누는 기막힌 방법을 개발했다. $5\frac{1}{2}$, 22, 1,760 같은 숫자를 사용하는 것과 비교하면 정말 쉽지?

이 방법이 적용되는 몇 가지 흔한 예를 알아보자.

미터 단위를 1,000배 더 크게 만들 때는 그 앞에 '킬로'를 써 준다.

예) 1,000미터는 1킬로미터, 즉 1km이다.

미터 단위를 100배 더 작게 만들 때는 그 앞에 '센티'를 써 준다.

예) 1미터의 $\frac{1}{100}$은 1센티미터, 즉 1cm이다.

> 미터 단위를 1,000배 더 작게 만들 때는 그 앞에 '밀리'를 써 준다.
>
> 예) 1미터의 $\frac{1}{1000}$ 은 1밀리미터, 즉 1mm이다.

이것은 간단히 익힐 수 있고, 요즘은 어디서나 미터뿐 아니라 '킬로', '센티', '밀리' 같은 것을 볼 수 있다.

세균이나 원자 같은 정말로 작은 것을 측정하고 싶을 때는 간단히 아래처럼 쓰면 된다.

- μm는 1마이크로미터(또는 1 '미크론')이다. : $\frac{1}{1,000,000}$ (백만분의 일)미터.
- nm은 1나노미터이다. : $\frac{1}{1,000,000,000}$ (십억분의 일)미터.
- pm은 1피코미터이다. : $\frac{1}{1,000,000,000,000}$ (1조분의 일)미터.
- fm은 1펨토미터이다. : $\frac{1}{1,000,000,000,000,000}$ (천조분의 일)미터
- am은 1아토미터이다. : $\frac{1}{1,000,000,000,000,000,000}$ (아주 정말로 굉장히 작은)미터

이 측정 단위들이 얼마나 작은지 이해를 돕기 위해서, 사람 머리카락 두께는 약 100μm(100미크론)이라는 사실을 밝혀둔다.

작은 것에 관해서는 이만하면 됐겠지. 만약 별이나 은하처럼 큰 것을 재고 싶다면 여러분이 엄청난 줄자를 상상할 수 있는 몇 가지 단위가 있다.

- Mm는 메가미터이다. : 1,000,000(1백만) 미터.
- Gm은 기가미터이다. : 1,000,000,000(십억)미터.

- Tm은 **테라**미터이다. : 1,000,000,000,000(1조)미터.
- Pm은 **페타**미터이다. : 1,000,000,000,000,000(천조)미터.
- Em은 **엑사**미터이다. : 1,000,000,000,000,000,000(백경)미터.

태양과의 거리는 약 150기가미터이다. 그러니 체육대회 행사에서 100엑사미터 달리기에 참가 신청을 한 사람은 반드시 의사에게 진단서를 받아와야 할 것이다. 그런데 주의할 점은 mm(밀리미터)와 Mm(메가미터)를 헷갈려서는 안 된다는 것이다. 그 둘은 전혀 다르거든!

미터 앞에 붙이는 이 재미있고 귀여운 이름들(나노, 마이크로, 킬로 등등)은 어떤 것에든 두루 쓸 수 있다. 만약 어느 컴퓨터의 메모리가 1메가바이트라면, 1백만 바이트라는 얘기다. 컴퓨터의 메모리가 1기가바이트라면 그것은 10억 바이트라는 뜻이다. 여기서 경고하는데, 컴퓨터 메모리가 1피코바이트라면, 차라리 바닐라 아이스크림 통을 타고 웹서핑을 하는 게 나을 것이다.

사실 컴퓨터 계산 방식은 조금 다르기 때문에 1메가바이트 짜리라고 해서 메모리 용량이 정확히 1백만 바이트는 아니다. 컴퓨터 메모리와 관련된 모든 것은 2의 거듭제곱으로 나타낸다. 그래서 1메가바이트는 사실 2^{20}바이트인데, 이것은

1,048,576바이트라는 뜻이다. 같은 식으로 1기가바이트는 사실 2^{30}바이트, 다시 말해 1,073,741,824바이트이다. 이와 같은 2의 거듭제곱 급수들은 마침 그 값이 1,000,000과 1,000,000,000에 비슷하다는 이유로 사람들은 편리하게 메가바이트니 기가바이트니 하는 단어를 사용하는 것이다. 여기서 좋은 점은 사람들이 말하는 용량보다는 컴퓨터가 조금 더 똑똑하다는 것!

프랑스 인들은 큰 용적을 어떻게 표시하는지 문제를 결정해야 할 순간이 되자, 아래와 같은 기막힌 말을 만들어 냈다.

1L는 가로 10cm 세로 10cm 높이 10cm인 정육면체에 들어가는 액체의 정확한 양이다.

그들은 이보다 작은 용적을 잴 때는 밀리리터를 사용했기 때문에, 더 큰 용적을 잴 때는 킬로리터를 사용할 수도 있었다. 그러나 킬로리터는 1m×1m×1m의 정육면체에 들어가는 정확한 양이기 때문에, 보통은 세제곱미터를 대신 사용했다.

프랑스 인들은 무게를 측정하는 문제에서도 역시 쓸모가 많은 방법을 고안하고는 이렇게 말했다.

가로 1cm 세로 1cm 높이 1cm의 작은 정육면체에 들어가는 물의 무게를 정확히 1그램으로 한다.

직접 계산해 보면, 이 작은 정육면체 1,000개가 있으면 1리터라는 걸 알게 될 것이다. 그러니 물 1리터의 무게는 1,000그램, 다시 말해 1킬로그램이 된다.

만약 1세제곱미터의 물(다시 말해 1m×1m×1m 되는 탱크를 가득 채울 만한 물)이 있다면 그 물의 무게는 1,000킬로그램일 것이다 – 이것이 1톤, 즉 미터톤이다. 대략 어른 15명의 몸무게와 같다.

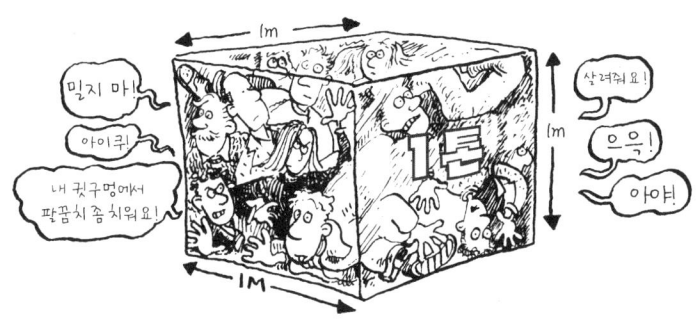

지금도 일부 지역에서는 영국 표준 방식을 미터법으로 다시 환산하는 사람들이 있다. 영국 슈퍼마켓에서는 식료품 무게를 그램으로 재는 동시에 파운드와 온스로도 잰다. 사람들은 이걸 어떻게 비교할까?

다음 몇 가지 예를 보자.

- 1미터는 1.1야드이다.
- 1킬로미터는 0.6마일이다.
- 1킬로그램은 2.2파운드이다.
- 1리터는 1.75파인트이다.
  그런데 무엇보다 좋은 것은……
- 1톤은 1톤이라는 거!

우선 5온스를 파운드로 바꿔야 한다. 1파운드가 16온스니까 $\frac{5}{16}$파운드이다. 이것을 다시 2.2로 나누면 0.142킬로그램, 즉 142그램이 나온다.

사실 이렇게 환산한 값이 정확한 것은 아니다. 예를 들어 1리터는 실제로 1.76056파인트이다. 그렇지만 우리는 끔찍한 수학을 더 끔찍하게 만들고 싶은 생각은 없다, 안 그런가?

영국에서는 모든 것이 바뀐다

모든 것에 10이나 100을 곱하는 방식은 확실히 간단하다. 그리고 대부분의 나라에서는 화폐 단위도 이런 십진법을 바탕으로 한다. 100센트는 1달러이고, 100센트가 1유로가 되는 식으로 말이다.

영국에서는 100펜스가 1파운드이지만, 이것도 1971년 2월 15일에야 시작되었다. 그 전에는 4파딩이 1페니, 12페니가 1실링, 20실링이 1파운드였다! 모든 화폐 단위가 바뀌자 사람들은 마구 헷갈렸다. 실링이 갑자기 5페니가 되었고 더 심하게는 옛날 2.4페니가 새로운 1페니가 되었기 때문이다.

그밖에도 이상한 액수들이 있었다. 1 '그로트'는 4페니였고, 1 '플로린'은 2실링이었고, 1 '크라운'은 5실링, 1 '기니'는 21실링이었다-이것은 1파운드가 조금 넘었다. 여러분 주머니 안에 여러 종류의 동전이 있었는데 $12\frac{1}{2}$페니에 해당하는 '반 크라운' 동전들과 10페니에 해당하는 '플로린' 동전들이 있었다고 상상해 보라!

그러니 다음번에 측정과 돈에 관한 계산이 너무 끔찍하다는 생각이 들 때면, 놀라운 기적 같은 미터법을 모르고 살았던 옛날 사람들을 잠시 떠올려 보도록!

모든 사람이 미터법을 쓸까?

그렇지는 않다. 미터법이 깔끔하고 편리하기는 해도 옛날식 도량형 가운데 지금도 쓰이는 것들이 있다.

영국과 미국에서는 아직도 거의 모든 사람이 거리는 마일로, 속도는 시속 마일로 나타낸다. 그리고 나이 많은 사람들은 여전히 야드, 피트, 인치로 생각한다. 학교 다닐 때 그것을 외우려고 너무 고생한 탓에 머리에서 지워 버리지 못하는 것이다. 파운드와 파인트 역시 흔히 쓰인다.

여기서 눈여겨봐야 할 중요한 점이 있다. 여러분이 어떤 단위를 사용하든 그 단위를 분명히 해야 한다는 것이다. 모두가 미터 단위를 쓴다고 생각해서는 안 된다. 그랬다간 그 결과는 뒤죽박죽 끔찍할 테니까!

여러분이 화성에 보낼 로켓을 개발하기 위해 몇 년 동안 열심히 일하면서 수십억 달러를 썼다고 상상해 보자. 일단 모든 준비가 끝나면 화성의 위치가 적당하고, 날씨도 괜찮고, 나머지 모든 것이 좋은 날을 기다려 마침내 로켓을 발사할 수 있게 된다.

로켓은 화성까지 꼬박 아홉 달 동안 6억 5,000만km를 날아갈 테니까 여러분은 로켓이 안전하게 화성에 도착했을 때 얼마나 기쁠지 상상한다. 이제 할 일은 몇 번의 사소한 경로 수정을 통해 로켓이 제 궤도를 돌게 만드는 것뿐이므로, 무선 망원경이 추적할 수 없는 화성 뒤쪽으로 로켓이 날아가기 전에 여러분은 얼른 공간을 계산하고 그 일을 해치운다.

드디어 여러분은 화성에 관한 귀중한 정보가 쏟아지면 이제 그 동안의 돈과 노력을 보상받게 되리라 기대한다. 그러나 로켓이 무언가를 전송하기 전에 우선은 화성 뒤쪽에서 모습을 보여야 한다. 그때까지 여러분이 할 수 있는 일이라고는 앉아서 기다리고…… 기다리고…… 또 기다리고…… 그러다가 조금 불안해지다가…… 다시 기다리고…… 이제 많이 불안해지고…… 그래도 기다린다…….

이건 진짜 있었던 이야기다. 로켓은 1999년 사라졌다. 아무도 타지 않았던 게 천만다행이지! 그런데 어떻게 된 일이었을까? 알고 보니 그 로켓은 미터와 킬로그램으로 지시를 받도록 프로그램되어 있었는데, 그 로켓을 만든 사람들은 최종 경로를 수정할 때 피트와 파운드로 지시를 내렸던 것이다. 정말 무시무시한 실수였지!

말은 왜 핸드로 잴까?

오래전부터 내려오는 몇몇 분야에서는 미터법을 사용하지 않는다. 말을 다루는 사람들이 좋은 예이다. 사람의 달리기는 10,000m 달리기나 80m 허들처럼 미터법으로 종목이 정해졌지만, 영국의 말들은 5펄롱이니 1마일 6펄롱이니 하는 옛날 길이로 측정한 거리를 달린다. 말의 크기 또한 '핸드'라는 단위로 잰다.

1핸드는 어른 손바닥에서 가장 넓은 부위의 폭을 말하는데, 약 4인치, 즉 10센티미터 정도이다.

말의 키는 바닥에서 어깨 꼭대기까지를 잰다. 여러분이 말이 되려면 키가 적어도 $14\frac{1}{2}$핸드는 되어야 한다. 그러지 않으면 조랑말이게!

마지막 한마디

불행히도 미터법은 항상 유쾌하지만은 않다. 옛날 영국 표준이 사라지면서, 멋진 옛날 농담들도 함께 사라졌기 때문이다. 피트가 발(foot) 길이에서 나온 단위라는 걸 명심하고 다음 말뜻을 생각해 보자.

이런 것도 있다.

이 책은 이런 멋진 개그가 실렸던 마지막 책이 될지도 모른다. 조금 아쉬운 일이다. 그렇지?

모든 것을 위한 미터

길이나 거리를 잴 때는 언제든 킬로미터, 미터, 센티미터, 밀리미터 등등 여러 단위 중에서 선택할 수 있다. 아무리 단위들을 섞어 써야 할 때라도 평범하게 미터를 쓰는 것이 훨씬 쉽다. 한 단위로 쓰면 훨씬 덜 헷갈리고, 모든 단위 뒤에 km나 mm, 또는 그냥 m를 쓰지 않아도 된다. 게다가 대체로 과학자들의 글씨는 형편없기 때문에 'm'이라 썼는지 'mm'이라 썼는지 그냥 연필로 끼적거린 것인지 구분하기 힘들 때가 많다.

그러나 앞에서 본 것처럼, 우리가 한 가지 단위만을 사용한다면 결국에는 0을 산더미처럼 많이 써야 할지도 모른다. 그런데 그러지 않아도 되는 음흉한 방법이 있다. 우선 진짜 큰 단위를 어떻게 다루는지부터 알아보자. 누구 아는 사람?

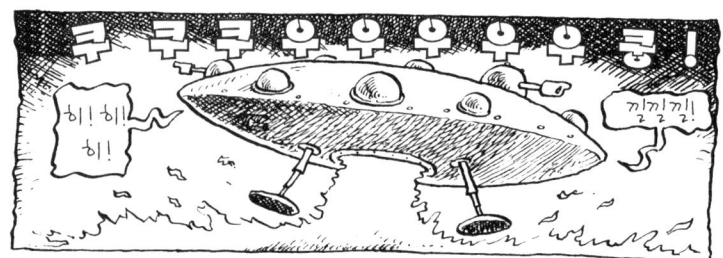

오, 이런. 조그 행성의 사악한 골라크 인들이 우리 지구를 침략하러 왔군.

그래, 그럴 줄 알았어. 그런데 너희들은 얼마나 멀리서 왔니?

대단하군! 우리한테 필요한 게 바로 그런 수야.

그래, 그래, 맘대로 해. 잠깐 너희가 말한 거리를 보자고. 괜찮다면 우선 세 개의 유효 자릿수만 사용할게. 그러면 483,000,000,000,000,000,000km가 되겠군.

속삭이지 마. 그건 아주 무례한 짓이야. 이제 첫 번째 자릿수 뒤에 소수점을 찍을 거야. 그러면 4.83이네.

그렇게 귓바퀴를 찡그릴 건 없잖아. 이제 그 소수점이 얼마나 많이 이사를 가야 4.83을 483,000,000,000,000,000,000으로 만들 수 있나 세어 봤더니 답이 스무 자릿수가 나오네. 그것을 다른 식으로 말하면, 너희들이 날아온 거리는 4.83 × 100,000,000,000,000,000,000km이군.

물론 그건 킬로미터로 나타낸 거지. 하지만 우리는 미터로 나타내고 싶으니까 그 기다란 수 뒤에 0 세 개를 더 붙일게. 알다시피 1km는 1,000m니까. 그러면 100,000,000,000,000, 000,000,000이네. 여기서 좋은 방법이 있지. 이 수는 10^{23}과 같아.

아니, 맞아. 10의 거듭제곱을 모르는 거야? 정말 간단해. 어떤 수의 오른쪽 위에 붙어 나오는 조그만 수가 거듭제곱이거든. 예를 들어 10^2은 '10의 2승'이라고 하는데 10을 두 번 곱한 것과 같지. 물론 $10 \times 10 = 100$이니까 $10^2 = 100$이지. 2 말고 다른 것도 사용할 수 있어. 10^6은 10을 여섯 번 곱한 것이니까 $10 \times 10 \times 10 \times 10 \times 10 \times 10$이야. 이것을 계산하면 1,000,000인데 보다시피 1뒤에 0이 여섯 개 붙어 있잖아. 결국 10^{23}은 '1' 뒤에 0이 23개 붙은 것과 똑같지.

결국 너희가 날아온 거리를 482,675,578,901,775,330,024km

라고 쓰지 않고 4.83×10^{23}m라고 대신 쓸 수 있지.

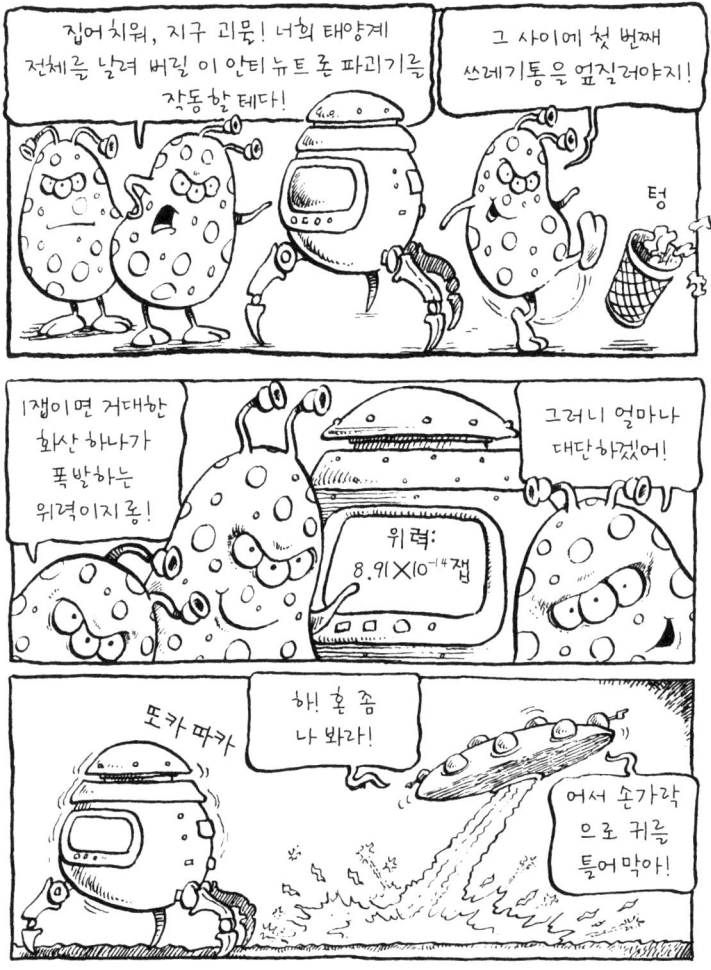

오, 저런! 녀석들 기분이 좀 상했나 보군, 안 그래? 여러분은 이제 수건을 머리에 덮고 소파 뒤나 뭐 안전한 곳에 숨어야겠다고 생각할 것이다. 그런데 아까 골라크 인들은 작지만 결정적인 실수를 한 가지 저질렀다.

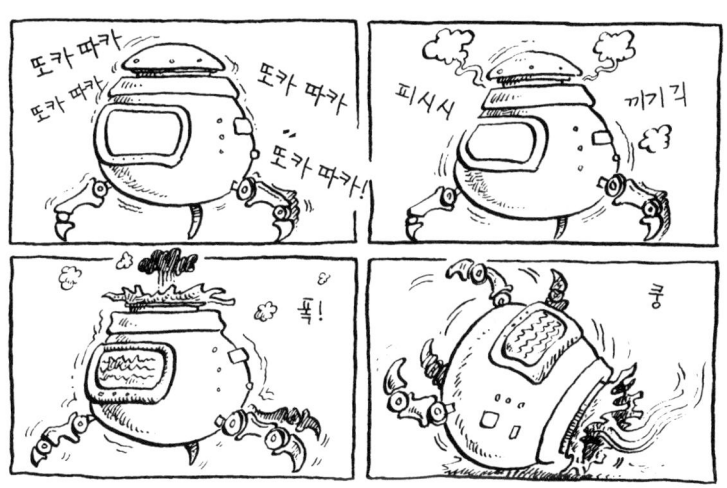

그들이 무얼 잘못했는지 아는 사람?

그들이 입력한 잽의 크기를 자세히 보면 8.91×10^{-14}임을 알게 될 것이다. 솔직히 말해서 그것이 10^{14}였다면 어마어마한 문제가 생겼겠지만 사실 '14' 앞에 아주 작은 마이너스 부호가 있다. 그 작은 마이너스가 지구를 구한 것이다!

만약 입력한 수가 8.91×10^{14}였다면 그 위력이 891,000,000,000,000잽이라는 뜻이었을 것이다. 이것을 계산하려면 소수점을 14자리 오른쪽으로 옮기고 그 빈 자릿수만큼 0을 채워 넣어라. 그럼 엄청난 잽이었겠지만 다행히 그 수는 10^{14}이 아니라 10^{-14}였다. 이 작은 마이너스는 소수점을 반대쪽 방향으로 옮긴다는 뜻이다!

8.91×10^{-14}를 계산하려면 소수점을 14자리 왼쪽으로 옮긴다. 그렇게 해서 우리는 겨우 0.0000000000000891잽의 타격을 받았던 것이다.

여러분도 알겠지만 이 방식을 사용하면 숫자를 길게 늘어놓지 않아도 아주 큰 것은 물론 아주 작은 것도 미터로 나타낼 수 있다. 뿐만 아니라 1옹스트롬을 어떻게 해서 10^{-10}m로 쓰는지도 설명이 된다. 1옹스트롬은 0.0000000001m니까, 이 방식을 쓰면 1.00×10^{-10}이 된다. 그러나 1을 몇 번 곱하든 똑같으니까 1.00까지 써 줄 필요는 없다.

소수 힌트: 3.75×10^{-5}같은 수를 소수로 나타낼 때는 10 오른쪽 위의 작은 수에서 하나를 뺀다. 그렇게 해서 소수점 다음에 오는 0의 개수가 정해진다. 3.75×10^{-5}이 있을 때 5에서 1을 빼온다는 것은 소수점 아래 0은 네 개뿐이라는 뜻이므로 0.0000375이다. 7.34×10^{-1}은 0.734이다.

계산기는 이 모든 계산을 어떻게 할까?

여러분 집에 계산기가 있다면, 계산기가 자동으로 이 방식을 사용한다는 사실을 알게 될 것이다. 디스플레이 창에 답이 다 안 나올 만큼 큰 수의 계산을 입력해 보자. 334455×66778899로 해 볼까?

계산기에는 이런 답이 나올 것이다.

이렇게 답이 나온 계산기는 아주 똑똑하다. 이 계산기는 10개의 유효자릿수를 가진 수를 밝히고 있다. 끝에 있는 "E13"은 그 수에 10^{13}을 곱하라는 뜻이다.

이렇게 나온 계산기도 좋다. 작은 '13'은 필요한 10의 거듭제곱을 말해 주고 있다.

이것도 괜찮다. 유효자릿수 8개의 수를 밝히고 거기에 10^{13}을 곱하라는 뜻이다.

이 계산기가 아주 조금 더 똑똑할 수도 있었는데 그 이유를 아는지? 마지막 자리 6은 7로 반올림했어야 한다. 더 똑똑한 계산기들이 보여준 것처럼 다음 자릿수 6은 5보다 크기 때문이다. 대부분의 계산기는 귀찮아서 반올림할 생각을 하지 않는다. 사실 계산기는 절대 설거지나 방 청소도 하지 않는다.

이 계산기는 약간 정신이 나갔다. 왜냐하면 끝에 E가 있는데 그 뒤에 아무런 숫자가 없기 때문이다. 뭐, 상관없다. 여러분은 아직 10의 몇 승이 될지는 대충 계산할 수 있을 테니까. 우선은 계산을 간단히 하기 위해 처음 주어진 수에서 반올림을 해서 유효 자릿수를 하나로 만든다. 야호! 그러면 300000×70000000이다. 그런 다음 두 수를 곱하면 되니까 3×7=21. 이제 0이 몇 개인지 센다. 이 경우는 12개이다. 이것은 여러분이 구한 답이 약 21×10^{12}이라는 얘기다. 계산기의 답은 22부터 시작되어 여러분이 구한 21과 대충 비슷하니까, 22다음에 소수점을 찍어 주면 된다. 그리고 나서 계산기가 말한 답의 나머지 수들을 써 넣으면 22.334536×10^{12}이다. 마지막으로 뽐내고 싶은 사람은 소수점을 옮기고 승을 바꾸어 좀 더 흔히 쓰는 방식으로 2.2334536×10^{13}으로 나타내면 된다.

이 계산기 역시 제정신이 아니다. 게다가 소수점 찍을 자리를 추측하기까지 했다.

그 정신은 높이 사야겠지만 E 자체는 어떤 소수점도 무시하라는 뜻이다. 때로 계산기가 마구 헷갈리면 E를 하나 이상 보여주기도 한다! 그래도 여러분은 위와 같은 방법을 이용해 정확한 답을 구할 수 있다.

디스플레이 창에 "E" 하나만 나왔다면, 그 계산기는 적어도 솔직하다. 녀석은 도무지 답을 구할 수 없어서 조금 창피해하고 있고 금방이라도 눈물을 흘릴지 모른다. 녀석은 오직 책가방 밑바닥 자리, 티슈와 오래된 입술 보호제 옆에 혼자 있기를 원할 뿐이다.

이 계산기는 태도에 문제가 있다. 녀석은 여러분이 진짜 334455×66778899를 계산하고 싶은 것이 아니라, 장난치려 한다는 걸 눈치챈 것이다. 그렇다고 해서 계산기가 계산을 안 하면 안 된다. 그러니 계산기가 여러분의 말을 듣지 않는다면 녀석을 거대한 핵발전소의 출력 단자에 연결해서 본때를 보여주도록. 그러면 그 말 안 듣는 꼬마 상자는 누가 주인인지 똑똑히 알 테니까.

큰 것들, 측정 바퀴, 10톤짜리 자

여러분이 재려고 하는 것이 여러분이 가진 자나 줄자보다 길면 어떻게 될까?

아주 높은 것 측정하기

이것은 측정을 다루는 모든 책에 반드시 나와야 한다고 법으로 정해진 아주 멋진 비결이다. 이 내용을 빠뜨리면 경찰이 출판사를 덮쳐서 직원들이 마실 음료수를 압수하고 책상마다 붙여진 유명 가수 얼굴 사진 위에 얼빠져 보이는 이를 그려 넣을 것이다.

문제

엄청나게 높고 큰 깃대가 땅에 박혀 있다. 여러분은 그 깃대의 높이를 재어야 하는데, 줄자를 가지고 깃대를 오르면서 높이를 잴 엄두가 나지 않는다.

해법

이 해법에서 중요한 부분은 막대기 하나를 땅에 박아 놓고 해가 나오기를 기다리는 것이다. 그게 뭐가 기막힌 방법이냐고?

여기서 조금 더 있다. 쉬운 방법은 막대기의 그림자가 막대기의 높이와 정확히 같아질 때까지 기다리는 것이다. 바로 그

때, 깃대의 그림자도 깃대의 높이와 똑같아질 테니까!

잠깐 생각해 보면 이 방법의 원리는 확실하다. 여러분이 꽂은 막대기 높이가 1m라면, 그림자 길이는 1m일 것이다.

막대기 높이가 2m라면, 그림자 길이는 2m일 것이다. 막대기가 깃대만큼 높다면, 그 그림자의 길이는 높이와 같다. 그러니 굳이 깃대만큼 높은 막대기가 없어도, 그냥 깃대 그림자 길이만 재면 된다!

기다릴 수 없을 때는…

안타깝게도 이 방법이 통할 때가 많지 않다. 왜냐하면 여러분은 막대기 그림자가 막대기 높이와 똑같아질 때까지 기다릴 생각도 하지 않을 테니까 말이다. 또 다른 이유는 깃대 그림자가 온전히 드리워질 만큼 땅이 평평하고 넓지 않기 때문이다. 그러므로 여러분은 해가 높이 떠서 그림자가 더 짧아질 때까지 기다려야 한다. 이럴 경우 간단한 계산을 해야 하는데, 우선 막대기를 꽂고 다음을 측정해 보자.

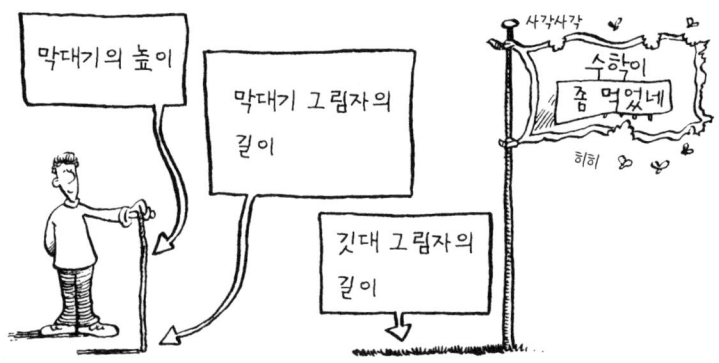

길이를 전부 똑같은 단위로 재는 걸 명심한다. 미터법을 쓸 것! 이제 아래와 같이 계산한다.
- 막대기의 높이를 그림자의 길이로 나눈다.
- 이 답에 깃대 그림자의 길이를 곱한다.
- 바로 그게 깃대 높이다!

공식을 더 좋아하는 사람을 위해 공식으로 나타내면,

$$\text{깃대 높이} = \frac{\text{막대기 높이}}{\text{막대기 그림자 길이}} \times \text{깃대 그림자 길이}$$

어떤 공식에 분수를 나타내는 선과 두 수가 있다면, 그것은 위에 있는 수를 아래 있는 수로 나누라는 뜻이다.

그 밖의 높은 것들

이 똑똑한 비법은 깃대 높이를 잴 때만 통하는 것이 아니다. 가느다란 나무의 높이, 농구 선수의 키, 바퀴가 선로에 놓이지 않고 곧게 세워진 기차의 높이를 잴 때도 좋다. 기차를 이렇게 세우면 차량 기지의 공간이 절약된다. 또한 《수학이 수군수군》

에서 새그가 탑에 갇힌 공주를 구할 때도 이 방법을 사용했다.

그러나 이 비법은 아름드리 나무나 경사진 건물, 둥근 지붕이 있는 건물의 높이를 잴 때는 적합하지 않다. 그렇더라도 괜찮은 어림값을 구할 수는 있다. 여러분에게는 버티라는 친구만 있으면 된다.

- 버티의 키를 잰다.
- 버티를 그 건물 옆에 서게 한다.
- 뒤로 한참 물러선다.

- 여러 명의 버티가 다른 버티의 머리 위에 올라서서 건물 꼭대기 높이만큼 닿는 모습을 상상한다.
- 여러분이 상상한 버티의 수에 버티의 키를 곱한다. 그것이 답이다!

빙고! 여러분은 비밀을 몰랐다면 끔찍하기만 했을 측정에서 방금 기적을 행한 것이다!

굽은 것들

어떤 것의 길이를 측정할 때 그것이 직선이 아닌 경우가 많다. 예를 들어 여러분이 이 책을 읽으면서 두뇌 용량이 커진 만큼 머리가 더 커졌다고 생각한다면, 머리 둘레를 재어야 한다. 이때 자는 별로 쓸모가 없지만 줄자로 재면 결과를 볼 수 있다.

줄자가 없다면 실이나 끈을 이용해 머리둘레를 한 바퀴 감고 표시한다. 그런 다음 실이나 끈을 곧게 펴서 자에 대고 재면 된다.

가끔은 지도 위의 길 같은 구불구불한 선을 재야 할 때가 있다. 한 가지 방법은 이번에도 끈을 이용해서 그 선을 따라 조심스레 구불구불 놓고 표시한 다음 자에 대고 재는 것이다. 두 번째 방법은 측정 바퀴를 사용하는 것이다.

측정 바퀴 만들기

준비물:

- 단단한 판지
- 끝이 뾰족한 막대기 한 개(낡은 연필이 딱 좋다.)
- 압정
- 디지털 눈금 측정기, 세슘 배출 중화기, 동력 열 차폐기 등이 달린 4,000와트짜리 외과용 레이저 커터 한 개(주변에 없으면 가위 한 개로 대신한다.)

만드는 법:

우선 판지에 원을 그려 잘라낸다. 원의 지름은 63.7mm가 되어야 한다.

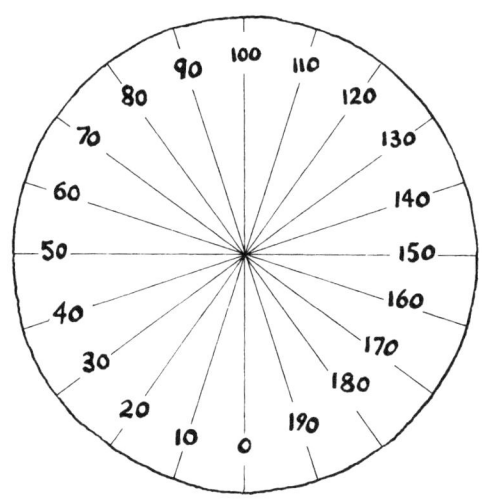

- 이것이 '바퀴'이다. 다음에는 원둘레를 따라 10mm 간격으로 작은 선을 그리고 숫자를 써 넣는다. 바퀴를 정확한 크기로 잘랐다면 선은 정확히 20개가 들어갈 것이다. 실제로는 0.119452mm가 모자라겠지만 차이가 거의 없으니 걱정하지 않아도 된다.
- 압정으로 바퀴를 막대기에 꽂는다. 뾰족한 끝이 바퀴 가장자리를 넘지 않게 한다.

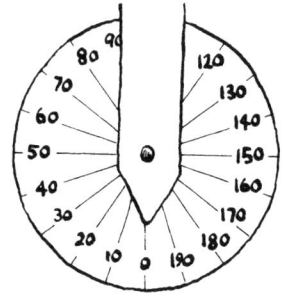

이제 구불구불한 선을 잴 준비가 되었다!

- 막대기 끝이 '0'을 가리키도록 바퀴를 맞춘다.
- 막대기를 수직으로 잡고 바퀴 가장자리를 구불구불한 선의 출발점 위에 놓는다.
- 막대기를 움직여 바퀴가 구불구불한 선을 따라가도록 한다.
- 선 끝에 다다르면 막대기 끝이 어느 수를 가리키는지 본다. 그것이 그 선의 길이이다!

조심해야 할 점이 두 가지 있다. 하나는 막대기가 움직일 때 바퀴가 제대로 돌아가는지 확인하는 것이다. 두 번째는 바퀴가 한 바퀴 넘게 돌아간다면, 측정을 마칠 때까지 돈 바퀴 수마다 200mm를 더해 주어야 한다.

10톤 무게의 자 사용법

자를 사용할 때는 여러분이 재고 싶은 선에 자를 나란히 맞추어 놓고 눈금을 읽으면 된다. 아주 편리하고 간단하다. 그렇지만 재어야 할 곳에 자를 놓을 수 없을 땐 어떻게 할까?

기다란 플라스틱 조각으로 된 자가 아니라, 책이나 지도 위에 인쇄된 자를 볼 때가 종종 있다. 또 책상 모서리나 칠판에 자가 붙어 있는 경우도 흔하다. 그러나 정말 특이한 문제는, 자가 철근 콘크리트로 만들어져 무게가 10톤 나갈 때이다. 여러분은 어떻게 해야 할까?

한 가지 답은 앞에 설명한 것처럼 끈이나 실을 사용하는 것이다. 그러나 여러분이 재려고 하는 선이 직선이라면 폼 나는 방법이 있다.

여러분이 각도기 세트를 가지고 있다면, 그것을 악마의 무기고라고 상상해도 괜찮다. 거기에는 몇 킬로미터쯤은 휙휙 날려 보낼 수 있는 납작한 각종 플라스틱 조각들이 있고, 한쪽 끝에 진짜 뾰족한 금속 못이 달려 있는 컴퍼스가 적어도 하나 있을 테고, 심지어는 금속 못 두 개가 경첩으로 연결되어 있는, 이른바 '디바이더(분할기)'라고 하는 장비도 있을지 모른다.

디바이더는 다음과 같은 쓰임새가 있다.
- 딱딱한 껍데기 속의 해산물을 뺄 때.
- 벽에 사진을 꽂을 때.
- 곤충을 가지고 실험할 때.
- 파티에서 칵테일 소시지를 두 배로 실컷 먹을 때.
- 아름답게 광택이 나는 탁자를 긁어 작품을 새길 때(이건 나중에 발각될 테니까 추천하고 싶진 않다.)
- 포도와 코끼리를 물속으로 밀어 넣을 때(나중에 보겠지만 이건 매우 추천할 만하다. 정말, 우리 책에는 근사한 내용이 너무 많은 거 아냐?)
- 직선을 유식한 방법으로 측정할 때.

직선을 잴 때 정말 멋있게 보이고 싶다면, 우선 디바이더를 벌려서 뾰족한 양쪽 끝을 정확히 선의 양쪽 끝 위에 놓는다. 그런 다음 디바이더를 자 위로 옮겨서(이때 더 벌어지거나 오므라들지 않게 아주 조심할 것) 한쪽 끝을 '0'에 놓는다. 물론 다른 쪽 끝이 정확한 측정치를 말해 줄 것이다.

이 방법을 쓰면 멋있어 보일지 몰라도 여러분이 수업 시간에 다른 짓을 하고 있다는 것을 보여준다. 다만 10톤 무게의 자를 써야 할 때는 이 방법을 써도 좋다는 뜻이다.

핀 머리에는 몇 미터나 들어갈까?

"얼마 들어가지 않는다."고 여러분은 말할 것이다. 누가 여러분더러 뭐라 하겠는가? 미터는 긴 것이고 핀 머리는 아주 작으니까, 여러분은 핀 머리가 0.001미터밖에 되지 않는다고 상상할 것이다. 한번 볼까?

◉

그렇군. 우리 삽화가 선생님이 핀 머리를 아주 깔끔하게 그리셨지? 하지만 《수학이 자꾸 수군수군》 독자들 중에는 세세한 부분까지 못 알아볼 친구들이 한두 명은 있을 것이다. 그래서 그런 여러분을 위해 확대 그림을 준비했다.

보다시피, 1mm 선이 양 끝에 살짝 여유를 두고 가운데를 가로지르고 있다. 이게 질문의 답인 것 같지? 다음과 같은 의심 때문에 신경이 쓰이지만 않는다면 말이다. 혹시 삽화가 선생님이 두 번째 선을 그릴 수 있을까?

그렇다! 이건 핀 머리에 2mm가 들어갈 수 있고 어쩌면 더 많이 들어갈 수도 있다는 뜻이다. 물론 선이 반드시 직선이어야 할 이유는 없으니까, 핀 머리에 구불구불 더 긴 선이 들어가는지 알아보자.

 이 선은 약 12mm이다.

보다시피, 공간을 채우려고 노력만 한다면 선을 더 길게 그릴 수도 있다. 그리고 선이 가늘수록 더 길어질 것이다.

 이 선은 약 70mm이다.

이 그림은 별로군. 약간 확대해야겠다.

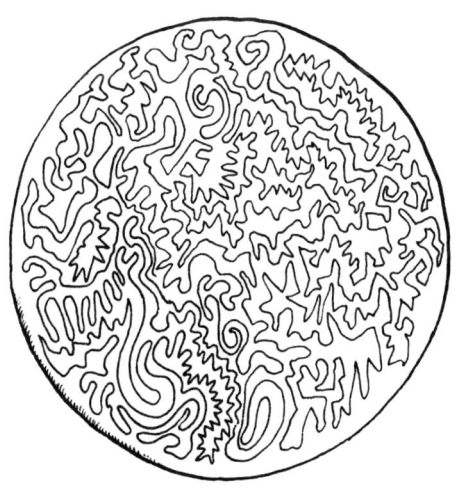

> ## 아주 중요한 일
>
> 이 책을 계속 읽기 전에 여러분이 완수해야 할 진짜 중요한 일이 있다. 그림에서 선의 양쪽 끝을 찾기 전에는 계속 읽을 생각은 아예 하지 말 것. 다만 한쪽 끝은 별로라는 것을 기억하라. 아무리 실력이 좋은 삽화가 선생님도 끝이 하나뿐인 선은 그릴 수 없다. 그러니 반드시 양쪽 끝을 다 찾도록.

이제 그 문제는 접어 두고, 핀 머리 위의 선에 관해 두 가지 중요한 점을 알아보자.

- 선이 가늘면 가늘수록 길게 그릴 수 있으며 핀 머리에 집어넣을 공간이 많아진다.
- 선의 가늘기에는 한계가 없다.

이건 정말 무시무시한 사실이다. 여러분이 그린 선이 달까지 왕복할 만큼 길다고 해도, 그 선이 충분히 가늘기만 하다면 핀 머리 안에 들어갈 것이다! 실선은 오직 길이만 갖기 때문이다. 두께는 전혀 없다. 이것을 설명하는 멋진 방법은 선을 '1차원'이라고 말하는 것이다.

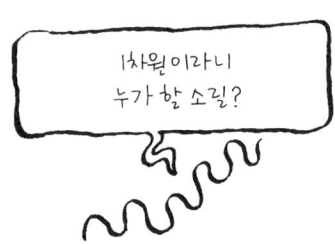

수학을 처음 발명하던 옛날 사람들은 두 점 사이를 잇는 가장 짧은 선을 직선이라고 정했다.

생각해 보면 이것은 일리 있는 말이다. 다음의 두 점이 얼마나 떨어져 있을까?

직선의 길이는 50mm이고 확실히 그것이 두 점 사이의 거리

이다. 그보다 긴 구불구불한 선도 두 점을 이어주기는 하지만 두 점 사이의 거리와는 아무 관계가 없다. 여기서 두 번째로 주목할 사실은 두꺼운 선으로 잇든 가는 선으로 잇든 상관없이, 두 점은 여전히 같은 거리만큼 떨어져 있다. 측정할 때 우리가 신경 써야 할 것은 길이뿐이다. 앞에서도 말했지만 선은 길이만을 갖는다.

그런데 헷갈리게도, 우리가 종이 위에 선을 표시할 때는 약간의 두께가 들어갈 수밖에 없다. 보통 이 두께를 '너비'라고 한다. 그렇지 않으면 아무도 그 선을 알아보지 못할 테니까. 이 너비는 아주 작을지 모르지만, 사실 우리가 실선을 그린 것이 아니라, 일정한 넓이에 색을 칠했다는 뜻이다. 실선은 종이 위에 어떤 공간도 차지하지 않겠지만, 넓이는 항상 공간을 차지한다. 측정에서 넓이는 길이와 폭을 갖는다. 달리 말하면 넓이는 '2차원'이다. 이상야릇한 넓이에 관한 모든 것을 알고 싶다면 《수학이 또 수군수군》을 찾아볼 것.

그러니 "핀 머리에는 몇 미터가 들어갈까?"라는 질문의 답은 "얼마든지 많이!"이다.

이 책장에 실선을 그리는 방법

여러분이 읽고 있는 이 책장에 길이만 있고 폭은 없는 선을 그려보고 싶겠지? 그건 불가능한 일 같겠지만, 비법이 있다. 연필이나 펜을 쓰지 않고 가위를 쓰면 된다.

선생님 말이 맞다. 책을 자르면 안 된다. 그러나 만약 여러분이 아래 두 선 사이를 오른쪽 끝에서부터 깔끔하게 자른다고 해 보자.

그런 후에 여러분이 이 페이지를 바닥에 놓았을 때, 잘린 부분에 아주 가느다란 선이 보일 것이다. 폭이 전혀 없는 선 말이다! 여러분은 완벽한 1차원 선을 만든 것이다.

다 잘랐지? 그럼 재빨리 가위를 치우고 아무도 다치는 사람이 없기를 빌자. 이제 책장을 넘길 차례군.

맙소사, 아래를 보라! 여러분이 《수학이 자꾸 수군수군》이라는 제목의 이 책을 봤을 때는 정말 사람까지 토막 내서 수군수군 말이 많은 책이라는 건 상상도 못했겠지? 뭐, 이번 일을 중요한 교훈으로 삼고 앞으로 다시는 책을 자르지 않도록 하는 수밖에.

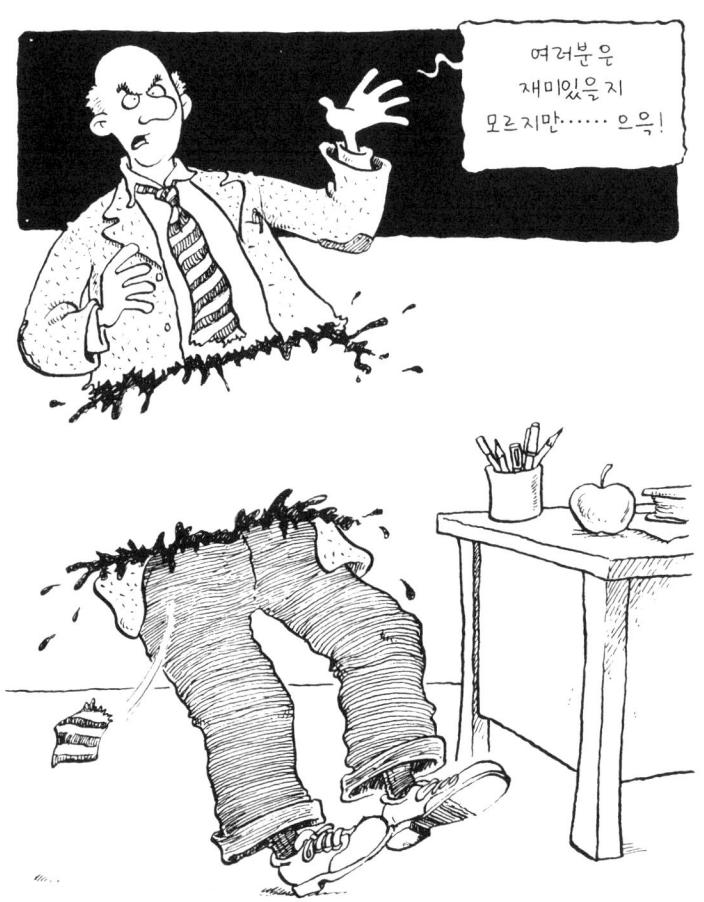

어서! 재빨리 옷을 갈아입고 가짜 수염을 붙여 변장하고 가짜 여권을 들고 안전한 다음 장으로 넘어가자.

봉인된 상자 문제

우리는 항상 정신 바짝 차리고 살아야 한다, 안 그런가? 세탁 세제 한 상자를 사러 가게에 갈 때에도, 길바닥에 아무런 경고 문 없이 장착된 센서 패드가 없는지 항상 확인해야 한다. 그리 고 무심코 그 패드를 밟지 않도록 조심해야 한다. 아뿔싸, 여러 분은 그 패드를 밟아 버렸고, 따라서 근처 쓰레기통에서 두 개 의 금속 죔쇠가 갑자기 튀어나와 여러분의 두 다리를 잡았고, 순간 여러분이 있는 그 거리 전체가 홱 뒤집어진다.

그래서 여러분은 지금 쓰레기통 밑의 비밀 지하 동굴 천장에 대롱대롱 매달려 있는 것이다. 아까는 거리였던 곳에서 먼지와 쓰레기들이 여러분 머리 아래 바닥으로 떨어지는 장면을 여러 분은 놀라서 바라본다. 오, 그렇군. 그다지 대단한 상상력이 없 어도 이 사건의 배후에 누가 있는지 알 만하다. 아니나 다를까, 귀에 익은 목소리가 들린다.

"하하! 떨어져 줘서 정말 고맙군."

그래, 여러분의 지긋지긋한 원수 찰거머리 박사다. 이런, 그 런데 거꾸로 보는 박사의 얼굴은 뻐기는 표정이 아닌가.

"이번엔 진짜로 잡았다. 솔직한 소감을 말해 봐. 내 기발한 함정이 어때?" 박사가 고소해 한다.

"늘 그렇듯 예상했던 바예요." 여러분은 지루한 듯 하품하며 대답한다.

"예상했다고?" 박사가 깜짝 놀란다. "이건 굉장한 거야! 내가 길 아래로 땅굴을 파서 지상과 완전히 똑같은 거리를 만들고, 그걸 진짜 거리 아래 붙여서 회전시켜도 아무도 눈치 채지 못하게 만드느라 얼마나 오래 고생한 줄 알아?"

"한 시간 이십삼 분 십사 초."

"뭐?" 박사가 더 깜짝 놀란다. "도대체 무슨 근거로 한 시간 이십삼 분……."

다음 순간 박사는 여러분이 측은하게 자기를 쳐다본다는 사실을 깨닫는다.

"아, 알겠다. 그거 비꼬는 농담이지, 그렇지? 뭐, 웃어 주지. 참고로 말해 두지만 몇 년이 걸렸어! 구석구석 세세한 것까지 꼼꼼히 계획하고 기술적인 부품들도 확인하고 또 확인했어. 정말 환상적이라고!"

"어련하시겠어요. 이제 그만 내려 주시죠."

여러분은 죔쇠를 벗어나려고 몸을 꿈틀거리다가, 쓰레기통 뚜껑을 차게 된다. 며칠 묵은 생선 껍질, 축축한

티백, 차갑게 식은 콩과 감자 껍질들이 찰거머리 박사의 머리 위로 쏟아지는 걸 어쩔 수 없다.

"세세한 것까지 계획대로 되었다니 기뻐요." 여러분은 가볍게 박사 옆에 내려서면서 말한다.

박사는 화가 나서 쓰레기통을 올려다본다. 풀썩! 쓰레기통 바닥에 붙어 있던 냄새나는 기저귀가 마지막으로 떨어지면서 정확히 박사의 얼굴을 때린다.

"호호!" 여러분은 즐겁게 웃는다. "잘하셨어요, 찰거머리 박사님. 박사님 말씀이 맞네요, 정말 환상적이에요! 하지만 괜찮으시다면 전 집에 가서 얼른 양말을 빨아야겠어요."

여러분은 세탁세제 상자를 꽉 붙들고 문으로 향한다.

"그렇게 빨리 가면 섭섭하지! 내가 내는 가장 사악한 문제를 풀기 전에는 나갈 수 없어! 이번엔 아마 영원히 못 풀걸!"

여러분은 애써 태연한 표정을 짓지만, 오늘따라 박사의 한쪽 눈빛이 유난히 비열하다. 다른 한쪽 눈빛도 비열하겠지만, 기저귀가 붙어 있기 때문에 확실히 알 수는 없다.

"봉인된 상자 문제를 풀 때까지는 여기를 못 나가!" 박사가 으르렁거린다.

"그게 어떤 상자예요?" 여러분이 묻는다.

"아무 상자든 봉해져 있으면 돼. 그 세탁세제 상자도 괜찮겠군. 그 상자 안에 들어갈 수 있는 가장 긴 막대의 길이가 얼마인지만 말해 주면 돼."

여러분은 세탁세제 상자를 보고는, 상자 안에 들어갈 수 있는 가장 긴 막대는 꼭대기의 한 모서리에서 상자 한가운데를 통과해 바닥의 가장 먼 모서리까지 간다는 사실을 깨닫는다.

"길이를 재도록 자를 주마. 답을 구하면 벽에 있는 계기판에서 그 답을 숫자로 눌러. 그럼 풀려날 거다."

"하지만 상자를 열지 않고서 길이를 잴 수는 없어요!" 여러분이 소리친다.

"나도 알아! 내가 괜히 찰거머리 박사겠어? 하하!"

그리고 박사가 샤워하러 간 사이에 여러분은 혼자 남아 상자를 뜯지 않고 그 안쪽을 측정할 방법을 궁리한다!

이것은 아주 오래된 고전적인 문제인데 답을 구하는 방법은 두 가지가 있다.

어려운 방법

상자의 높이, 너비, 깊이를 측정한다. 그런 다음 아래 공식을 사용한다.

가장 긴 대각선의 길이 = $\sqrt{b^2+w^2+d^2}$

워워! 겁먹을 필요 없다. 여기서 이걸로 고민하지는 않을 테니까. 하지만 이 공식이 어디서 나왔는지 궁금한 사람을 위해 설명하자면, 이것은 피타고라스 정리의 3차원 식이다. 이것은 《수학이 수군수군》에 설명되어 있다.

그런데 문제는 찰거머리 박사가 제곱과 제곱근을 알아낼 계산기를 여러분에게 주지 않았다는 것이다. 그러나 약간의 창의력만 있다면 여러분은 훨씬 간단하게 이 측정 문제를 풀 방법이 있다는 사실을 알게 된다!

아직도 모르겠다고? 그렇다면 입을 둥글게 내밀어서 자기 뺨에 힘껏 뽀뽀해 준다. 그러면 여러분은 이곳을 탈출해서 세탁기가 있는 집으로 갈 수 있다. 아직도 모르겠다면……, 신경 쓰지 말자. 이것은 머릿속 거품이 사라질 때까지 한동안 기다리면 갑자기 답이 떠오르는 그런 문제니까. 그러니 여러분이 잠시 생각할 시간을 주지.

부디 그 답이 어디 난처한 장소에서 생각나지 않기를 빈다.

다 생각했는지? 그렇다면 여러분의 생각과 다음 방법을 비교해 보도록…….

쉬운 방법

이 방법은 복잡한 공식보다 훨씬 쉽다! 비법을 공개하지.

- 평평한 면에 상자를 세우고 바닥 네 모서리를 표시한다. 설명을 확실하게 하기 위해 표시한 네 모서리를 각각 A, B, C, D라고 부르자.

- 상자를 원래 위치에서 바로 옆으로 옮긴다. A와 B였던 모서리가 이제는 C와 D가 될 것이다.

- 이제 남은 것은 A지점부터 C지점의 위쪽 상자 모서리까지 거리를 재는 것이다. 그것이 답이다!

여러분이 계기판에 그 수를 입력하자 곧바로 강철 문이 옆으로 열리면서 현실로 돌아가는 계단이 나타난다. 계단을 올라가는 바로 그때 여러분 뒤를 허겁지겁 따라오는 발자국 소리가 들린다.

"대체 어떻게 답을 알아낸 거지?" 찰거머리 박사가 깜짝 놀란다.

"아, 그거요?" 여러분은 약간 잘난 척 설명한다. "제가 측정할 수 있도록 가상의 상자를 하나 만들었지요. 진짜 상자와 폭, 깊이, 높이가 정확히 똑같은 그 상자 안에 자를 넣어 쟀어요!"

"가상의 상자?" 박사가 중얼거렸다. "하지만 내 함정은 완전무결했단 말이야!"

"가상에서는 완전무결했죠." 여러분은 햇빛을 따라 계단을 올라가며 대답한다. "하지만 진짜로 완전무결하진 않았어요."

찰거머리 박사는 영영 모르겠지? 여러분이 끔찍한 수학 공식을 쓰지는 않았다는 사실을.

맞는 도형을 찾아라

이번 장에는 여러분이 정확히 3시간 5분 동안 시간을 내 주어야 하는 수학 시험이 하나 있다. 그 이유는 모든 질문에 대답하는 데 5분이 걸리고, 그 다음에는 답을 너무 쉽게 찾아낸 여러분의 얼굴에서 으스대는 웃음을 지우는 데 3시간이 걸리기 때문이다. 그 답을 더 쉽게 찾기 위해서, 알아 두어야 할 유용한 설명 두 가지가 있다.

평행

두 개의 선이 평행하다면, 두 선 사이의 거리가 항상 똑같다는 뜻이다. 그래서 두 선을 계속 그어 나가도 절대 서로 만나지 않는다. 곧게 뻗은 철로의 레일들은 평행이어야 한다. 안 그럼 기차가 뒤집어지거든.

직각

이 책의 모서리처럼 반듯한 모서리를 직각이라고 한다. 직각이 하나인가 또는 그보다 많은가에 따라 도형이 달라지는데, 여러분만의 직각을 만드는 비법을 소개한다.

1. 굴러다니는 아무 종이나 사용해도 좋다.

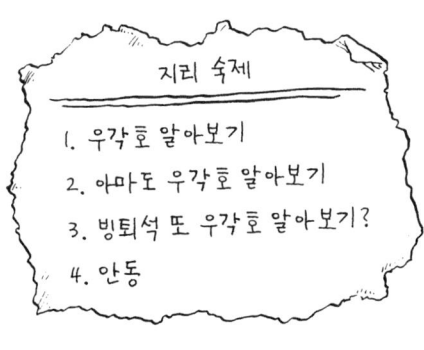

지리 숙제
1. 우각호 알아보기
2. 아마도 우각호 알아보기
3. 빙퇴석 또 우각호 알아보기?
4. 안동

2. 종이를 반으로 접는다.

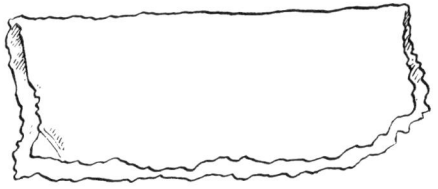

3. 접힌 가장자리끼리 만나도록 종이를 다시 반으로 접는다.

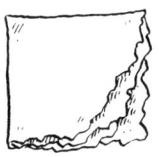

4. 종이를 펼친다. 그러면 한가운데 직각이 보인다!

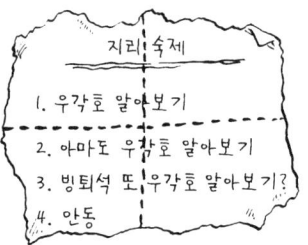

사람들은 도형을 그릴 때는 보통 모서리에 작은 상자 모양을 그려 직각을 표시한다.

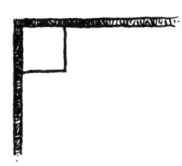

좋다. 이제 시험 준비가 되었다. 여러분이 할 일은 5분 안에 각 설명과 숫자가 표시된 도형을 짝짓는 것이다. 그림 시계를 보고 시간을 확인하도록. 준비……, 시작!

정사각형

변이 네 개이고, 길이가 모두 같다. 네 모서리가 모두 직각이다.

부등변삼각형

변이 세 개이고, 길이가 모두 다르다.

직사각형

변이 네 개이고, 마주보는 변끼리 길이가 같다. 네 모서리는 모두 직각이다.

평행사변형

변이 네 개이고, 마주보는 변의 길이가 같고 평행이다.

원

면이 두 개다.

사실 원은 두 개의 면을 갖는다. 안쪽 면과 바깥쪽 면— 하하! 물론 원은 중심에서 거리가 모두 똑같도록 굽은 선 하나가 스스로 맞닿은 도형이다. 저런, 만약 원을 찾지 못한 사람은 조금 문제가 있다. 안 그래?

사다리꼴

변이 네 개이고, 마주보는 변 한 쌍이 평행이다.

연

변이 네 개이고 짧은 변 두 개가 서로 만나고 긴 변 두 개가 서로 만난다. 직각은 없겠지만 한두 개 있을 수도 있다. 그게 무슨 상관? 잘 나는 게 중요할 텐데?

정삼각형

변이 세 개이고, 길이가 모두 같다.

마름모꼴

네 변의 길이가 모두 같다.

소름끼치게 아름다운 베로니카 검플로스

변과 각이 많고 호랑이 줄무늬를 벗겨 버릴 만큼 성깔이 있다.

이등변삼각형

변이 세 개이고, 두 변의 길이가 같다.

등변사다리꼴

변이 네 개이고 두 변이 평행이다. 비스듬한 두 변의 길이가 같다.

부등변사각형

변이 네 개이고 평행한 변이 없다. 적어도 한 변은 나머지 변들과 길이가 달라야 한다. 나머지 변들의 길이는 서로 같을 수도 다를 수도 있다.

직각삼각형

변이 세 개다. 각 하나는 직각이어야 한다.

주의: 직각을 마주보는 변이 항상 가장 긴데 이것을 '빗변'이라고 한다. 직각삼각형은 이등변삼각형이나 부등변삼각형이 될 수 있다.

답:

1. 정사각형, 직사각형, 마름모, 평행사변형, 사다리꼴 2. 마름모, 평행사변형, 사다리꼴 3. 직사각형, 평행사변형, 사다리꼴 4. 평행사변형, 사다리꼴 5. 끝 6. 사다리꼴 7. 등변사다리꼴 8. 부등변사각형 9. 이등변삼각형 10. 정삼각형, 이등변삼각형 11. 끝 12. 배트모빌 검블공스 13. 직각삼각형 14. 부등변사각형

다음의 표로 여러분의 점수를 알아보자:

- 정답 14개… 여러분은 환상적일 만큼 똑똑하다.
- 정답 13개… 정답 개수를 정확히 세었을 리 없다.
- 정답 0~12개… 이 책을 아기 침대 속에 떨어뜨린 사람 누구야?

이 시험에는 세 개나 네 개의 변으로 만들 수 있는 서로 다른 도형이 거의 다 나왔다. 두뇌를 조금 더 훈련시켜야 하는 사람

면 절대 색칠해서는 안 된다.

 이런 도형들 대부분은 우리가 자주 만나는 것들이 아니다. 예를 들어 여러분이 마지막으로 사다리꼴 목욕매트를 밟았던 적이 언제였지? 그렇지만 나머지 몇몇 도형은 측정하는 방법을 알아두면 좋다. 그래, 시작해 볼까.

정사각형에서 카레 얼룩까지

모양	측정 난이도	계산 강도	공식
정사각형	쉽다. 한 변만 재면 된다.	누워서 떡 먹기	a^2
직사각형	쉽다. 길이와 너비를 잰다.	땅 짚고 헤엄치기	ab
직각삼각형	쉽다. 짧은 두 변의 길이를 잰다.	걱정 안 해도 된다.	$\frac{1}{2}hb$
나머지 삼각형	음…, 기술이 좀 필요하다.	그렇게 어렵지 않다.	$\frac{1}{2}hb$
곧은 모서리가 있는 모양들	여러 조각으로 나눠야 한다.	쉽지만 따분하다.	직접 만들 것
원	조금 까다롭다.	지저분하다.	πr^2
카레 얼룩	꾀를 써야 한다.	아주 운이 좋아야 한다.	????

앞에서도 보았던 것처럼, 넓이를 알려면 언제나 적어도 두 번은 측정해야 한다. 물론 똑같은 측정값을 두 번 사용해야 할 때도 있지만 말이다. 또한 몇 가지 계산을 해야만 여러분이 구하는 넓이를 알아낼 수 있을 때도 있다. 옆 페이지의 표는 다양한 도형을 측정하고 넓이를 구할 때 어려운 정도를 간단히 보여 준다. 도형들마다 넓이를 구하는 공식이 있지만, 이해가 안 간다고 해도 걱정할 필요는 없다. 나중에 적당한 때에 설명할 테니까.

직사각형과 정사각형

우선 지금은 정사각형에 관해서는 잊어버리기로 하자. 정사각형은 네 변의 길이가 우연히도 모두 똑같은 직사각형에 지나지 않기 때문이다. 직사각형은 곳곳에서 볼 수 있다. 이 책의 앞면, 문, 축구장, 은행 통장, 서랍 바닥, 콘플레이크 상자 옆면 등등. 직사각형을 측정한다면 길이와 너비를 구해야 하니까, 직사각형으로 생긴 아무 거라도 일단 손에 쥐고 어떻게 하는지 알아보자. 우리는 포그스워스 장원에 들러 직사각형을 찾아보겠다. 옳거니! 식탁이 딱 좋겠군.

두 분, 이해해 주셔서 고맙습니다.

이 식탁을 측정해 보니 길이는 1.5m, 너비는 1.2m다. 직사각형의 경우 이것을 식으로 나타낼 때는 보통 1.5m×1.2m라고 쓴다. 갑자기 결정의 순간이 왔군!

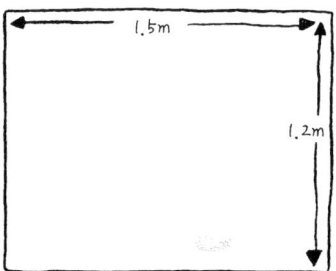

- 식탁의 정확한 크기와 모양을 설명하고 싶다면, 이것은 직사각형이라고 말하고 그 크기는 1.5m×1.2m라고 말할 것이다.
- 전체 넓이를 알고 싶다면 실제 모양은 너무 걱정하지 않아도 된다. 그 식탁이 아주 길쭉하고 폭이 좁거나, 짧막하고 폭이 넓거나, 한쪽 변에 옹이진 데가 튀어나와 굽었을 수도 있지만 그건 중요하지 않다. 여러분이 알아야 할 것은 식탁 위 공간이 얼마나 되는가 하는 것뿐이다. 그럼 그걸 어떻게 알아낼까?

이 직사각형의 넓이는 1.5m×1.2m이다. 한가운데 느닷없이 나타난 곱하기 부호가 보이지? 이것은 우연이 아니다. 길이와 너비를 곱하면 그 답이 직사각형의 넓이이기 때문이다. 사람들은 흔히 이 두 가지 치수를 간단히 'a'와 'b'로 나타내곤 한다. 그러니까,

$$직사각형의\ 넓이 = 길이 \times 너비 = a \times b = ab$$

흔히 공식에서는 번거롭게 '곱하기' 부호를 따로 쓰지 않고,

그냥 글자들을 붙여 버린다. 정사각형의 넓이를 구하는 공식이 궁금하다면 길이와 너비가 똑같다는 사실을 기억하도록. 그럼 이렇게 되겠지?

정사각형의 넓이 = a×a 이것은 a^2이라고 나타낸다.

그럼 아까 식탁의 넓이를 알아보자. 1.5×1.2=1.8 그런데 잠깐만, 1.8 다음에 뭐게?

넓이는 어떤 단위로 측정할까?

식탁 윗면 넓이가 1.8m라고 해 보자. 이건 조금 이상하다. 1.8m는 길이를 나타낸다. 앞에서도 보았지만 마음만 먹으면 우리는 핀 머리 위에 1.8m를 집어넣을 수 있다.

진정하세요, 대령님. 다시 생각해 보자. 우리는 1.5m와 1.2m를 곱해서 넓이를 구했는데, 여기서 잠깐 수를 무시한다

면, 결국 우리는 미터 곱하기 미터를 한 셈이다. 여러분이 알지 모르지만 어떤 것을 그 자체로 곱하는 것을 '제곱'이라고 말한다. 이를테면 3×3 = '3의 제곱'이라고 하고 이것을 3^2이라고 쓴다. 우리는 미터×미터를 했으니까 이것을 '제곱미터'라고 하고, 원한다면 'm^2'라고 쓸 수도 있다. 결국 식탁의 넓이는 $1.8m^2$라는 말이다.

힌트: 측정을 한 번 이상 할 때에는 반드시 똑같은 단위를 써야 한다. 만약 여러분이 그 식탁은 1.5m×1200mm라고 말했다고 해 보자. 넓이를 구하면 1800mmm가 나올 텐데 그게 완전히 엉터리라는 걸 알면 기분 좋겠어?

넓이를 나타내는 단위들
이런 것들은 보나마나 알겠지.
- 1제곱밀리미터(mm^2) = 1mm×1mm
- 1제곱센티미터(cm^2) = 1cm×1cm
- 1제곱미터(m^2) = 1m× 1m

지역 같은 거대한 넓이를 구할 때는 제곱킬로미터(km²)를 사용한다. 그러나 그 전에 흔히 쓰이는 넓이의 단위 두 가지가 있다는 걸 알아두자.

들판 같은 것의 넓이를 이야기할 때 헥타르를 사용하기도 한다. 1헥타르 = 100m×100m(즉 10,000m²)이다. 심지어 옛날식 에이커를 쓰는 사람들도 있다. 1헥타르는 2.47에이커니까, 이 것을 약 $2\frac{1}{2}$에이커라고 하고 싶은 사람도 있을 것이다. 어쨌든 엉겅퀴와 소똥으로 덮인 질척한 들판을 이야기할 때는 0.03에이커쯤 차이가 나도 큰 문제는 없을 것 같잖아?

그러나 사실 그 넓이는 약 120m²에 해당하니까, 널찍한 외양간 하나 크기는 된다. 그러니 문제될 것 없다고 말하기 전에, 외양간 안에 있는 녀석들이 화내지는 않을지 확인부터 하도록.

장마철 비를 그치게 하는 이상한 수학

그렇다. 이것은 겉보기만큼 대단한 수학이다. 여러분이 집안에 틀어박혀 있기만 한다면 말이다. 그래야 만에 하나 비가 억수처럼 쏟아져도 절망하지 않을 거잖아. 이 '수학이 수군수군' 실험 덕분에 여러분은 넓이에 관한 놀라운 것을 발견할 수 있고, 그러면서 비를 그치게 할 수도 있다! 소름끼치지 않아?

수학의 어두운 힘을 이용하려면 먼저 다음 질문을 생각하면서 마음의 준비를 해야 한다. 우리는 1,000mm가 1m라는 사실을 알고 있다. 그렇다면 $1m^2$는 몇 mm^2일까? 이것을 한 번의 계산으로 알아내고 싶으면 1,000mm = 1m라고 말하는 것부터 시작한다. 그 다음 두 변을 제곱하면(한 변의 길이를 그 자체로 곱하란 뜻이다.) 1,000mm×1,000mm=1m×1m가 된다. 이것은 $1,000,000mm^2 = 1m^2$과 같다. 세상에! 이 말은 진짜 $1m^2$ 안에 $1mm^2$가 백만 개 들어간다는 얘기일까? 이 수학적 사실이 너무 놀라워서 믿기 힘들다면 간단히 확인해 볼 방법이 있다. 바로 여기서부터 마법이 시작된다.

경고!

앞으로 2주 안에 생일이 있는 사람은 다음 마법을
시도하지 말기를 권한다.

우선 가로세로가 정확히 1m×1m인 종이 한 장을 준비한다. 그런 다음 아주 뾰족한 연필을 가지고 한쪽 방향을 따라 각각 폭이 1mm인 띠가 1,000개 나오도록 나누고, 다른 방향으로도 폭 1mm인 띠 1,000개를 만든다. 이렇게 하면 종이는 수많은 1제곱밀리미터의 정사각형들로 나뉘게 될 것이다. 아직도 비가 그치지 않았나? 그렇더라도 마음 졸일 것 없다. 쓸 수 있는 마법은 또 있으니까.

조그만 정사각형들을 모두 잘라낸다. 그 정사각형들을 가마솥에 집어넣고 유니콘의 뿔을 사용해 둥글게 저으면서 라틴 어 단어를 거꾸로 외어도 좋지만, 솔직히 말해서 수학이 수군수군

실험은 그런 싸구려 장치가 없어도 얼마든지 강력하다. 날씨를 확인해 보라. 아직도 비가 온다고? 그렇다면 마지막 마법을 쓸 차례로군…….

정사각형이 몇 개인지 센다.

할 일은 그것뿐이다. 여러분이 그 정사각형들을 다 셀 때쯤에는 비가 그쳤을 것이다. 사실 이 주문은 매우 강력하기 때문에 비가 그쳤다가 다시 내리기가 몇 번 반복될 수도 있고, 여러분이 주의만 기울인다면 하늘이 적어도 열두 번은 아주 깜깜해지는 걸 보게 될 것이다. 그리고 신기하게도 2주쯤 미래로 시간이 옮겨져 있을 것이다. 그래서 생일을 그냥 건너뛰지 않게 조심하라고 충고했지.

직각삼각형

일단 정사각형과 직사각형을 대적할 방법을 이해했다면 직각삼각형 역시 쉽다.

숫자 쓰는 수고를 덜기 위해서, 앞으로는 삼각형의 높이를 'h', 밑변의 길이를 'b'라고 하겠다. 대부분의 삼각형은 높이보다 밑변이 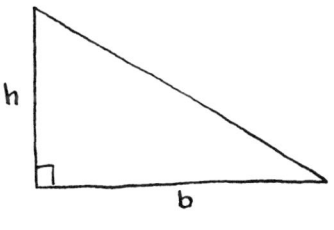 길다. 그러니 숫자를 써서 삼각형에게 창피를 주기보다는 문자를 사용하자. 똑같은 삼각형 두 개를 아래와 같이 붙여 보면 직각삼각형 넓이 구하기가 왜 쉬운지 이유를 알 것이다.

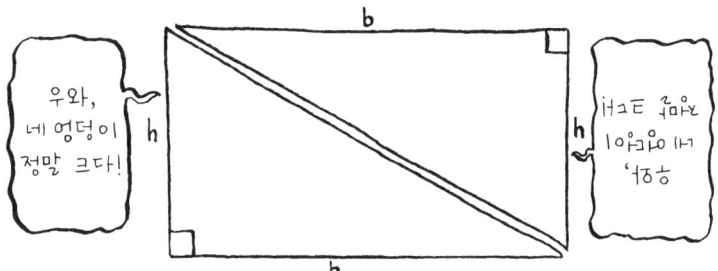

두 개의 직각삼각형은 직사각형이 되므로, 두 삼각형의 넓이를 구하려면 이 삼각형의 높이에 너비를 곱하기만 하면 된다. 결국 직각삼각형 두 개의 넓이는 높이 곱하기 밑변이니까, 직각삼각형 하나의 넓이는 높이 곱하기 밑변의 절반이다. 공식으로 나타내면,

$$\text{삼각형의 넓이} = \frac{1}{2} \times \text{높이} \times \text{밑변} = \frac{1}{2} \times h \times b = \frac{1}{2}hb$$

직각삼각형의 기쁨은 짧은 두 변만 재면 할 일은 끝난다는 것이다. 하나는 밑변이고 하나는 높이일 테니 어느 게 어느 거든 상관없다. 그 두 수를 곱해서 나온 답을 반으로 나누면 끝이다. 여러분한테 보여줄 예를 찾아보자. 아하! 구석 수납장이 딱 좋겠군.

죄송합니다, 공작 부인. 한 1분쯤 걸리겠는데요.

수납장 윗면을 보니 직각삼각형이고 짧은 변의 길이가 각각 3m와 1.2m다. 이제 $3 \times 1.2 \times \frac{1}{2}$을 계산하면 되니까 넓이는 $1.8m^2$다. 아니! 이건 식탁 넓이와 똑같잖아. 그렇다면 완전히 다른 도형이라도 넓이가 똑같을 수 있다는 얘기다.

비틀비틀 삼각형

만약 여러분의 삼각형에 직각이 없다면 삶이 피곤해진다. 오른쪽 삼각형들은 그럴 듯한 이름이 없으니 그냥 '비틀이'라고 부르자. 어떤 삼각형(정삼각형, 이등변삼각형, 부등변삼각형)도 비틀이가 될 수 있다. 비틀이 삼각형의 넓이를 알아내는 방법이 몇 가지 있다.

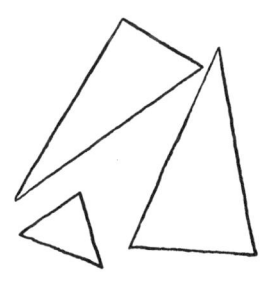

- **기하학** – 이 방법은 아주 정확하게 그림을 그리고 수직측정기를 떨어뜨린 후, 그것을 둘로 나누어서 직사각형을 만들어

칵테일 소시지를 끼우지 않은 디바이더로 측정해야 한다. 제법 재미있는 방법이지만 매우 위험할 수도 있다. 자칫 수직 측정기를 발에 떨어뜨린다면 작은 뼈 몇 개가 부러질 수 있다. 그러니 이 위험한 방법은 다른 책에서 이야기하자.

- **삼각법**– 여기서는 두 변의 길이와 정확한 각도를 알고 넓이 $=\frac{1}{2}bc(sinA)$같은 공식을 사용해야 한다. 뿐만 아니라 'sin'을 '사인'이라고 읽는 것도 알아야 한다. 그러나 사인이 뭔지 모른다면 이건 소용없을 테고 별 도움도 되지 않으니까 이것 역시 나중에 따로 이야기하기로 하자.

- **측정**– 바로 이 책과 딱 어울리는 방법이다. 다행히 이건 쉽다. 어떤 비틀이 삼각형도 두 개의 직각삼각형으로 쪼갤 수 있으니 그 변을 측정해서 계산하면 되기 때문이다.

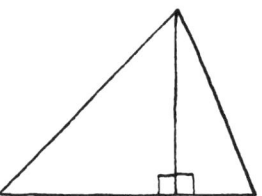

정말 바보 같은 모양들

어떤 모양에 곡선이 하나도 없다면 언제든 그것을 직사각형과 직각삼각형으로 쪼개서 측정하고 넓이를 알아낼 수 있다. 보기가 될 만한 것을 찾아볼까?

좋았어! 실례합니다……

우리는 반짝반짝 윤이 나는 탁자 윗면을 쪼개 직사각형과 직각삼각형을 만들어야 하니까 디바이더를 가지고 탁자를 살짝 긁어 선을 긋기로 하자.

에헴……. 우리 《수학이 자꾸 수군수군》 독자들은 눈치 빠른 사람들이니까 이쯤에서 분위기 험악하다고 느꼈을 것이다. 좋아요. 그럼 떼었다 붙였다 하는 접착제로 무명실을 붙여서 선을 표시하면 어떨까요? 여기 돈을 드릴 테니 그 사이 두 분은 라자 식당에 가서 맛있는 카레를 드시고요. 그 정도쯤은 우리가 해 드리죠.

이제 우리는 직사각형 다섯 개와 작은 직각삼각형 네 개를 측정하고 그 넓이를 더하면 된다. 사실 이보다 더 영리한 방법이 있는데, 탁자의 최대 길이와 최대 너비를 알면 네 귀퉁이가 사라지기 전의 넓이를 알 수 있다. 그 다음 네 귀퉁이 삼각형을 측정해서 그 면적을 빼면 답이 나온다. 그렇게 하면 셈을 여러 번 하지 않아도 되겠지.

우리는 왜 넓이를 측정할까?

흔한 이유는 어떤 넓이를 무언가로 덮어야 하기 때문이다. 예를 들어 여러분 방의 벽을 밝은 분홍색으로 칠할 계획이라고 해 보자. 이때 여러분은 페인트를 얼마나 살지 알아야 한다. 페인트 통에는 얼마나 넓은 면적을 칠할 수 있는지 씌어 있다. 만약 통에 "$2m^2$에 사용 가능"이라고 씌어 있다면, 여러분 방의

벽 넓이가 6m²니까 페인트 세 통을 사야 한다. 들판에 거름을 줄 때도 마찬가지다. 한 탱크 분량의 거름으로 몇 헥타르나 뿌릴 수 있는지 알아야 한다. 우연히 페인트와 거름을 동시에 사게 된다면, 절대 그 두 가지를 뒤바꾸지 말 것. 밝은 분홍색 들판은 그다지 나쁘지 않겠지만, 여러분은 몇 달 동안 거실에서 자야 될 테니까.

원

정확한 원이란 여러분이 자 하나를 가지고 쉽게 넓이를 구할 수 있는 굽은 도형만을 일컫는다. 원의 넓이를 구하려고 할 때, 여러분은 '반지름'이라는 것만 측정해서 약간의 계산만 하면 된다.

이걸 설명하기 위해 뭐 둥근 것이 있는지 찾아보자.

둥근 식탁이다! 완벽하군.

오늘 대령님 운수 사나운 날이다. 그렇지?

원의 중심이 어디인지 알면, 중심에서 둘레까지의 거리를 잴 수 있다. 이 거리를 원의 반지름이라고 하며 줄여서 r 이라고 쓴다. 중심이 어디인지 모를 때는 다음 두 가지 가운데 선택하면 된다.

- 줄자나 자를 원 위에 가로질러 놓고서 위아래로 움직이면서 양쪽 끝 사이에 가장 긴 거리를 찾는다.

이것을 원의 지름이라고 하며 줄여서 D라고 한다. 똑똑한 여러분은 지름이 반지름의 두 배라는 걸 눈치챘을 테니까 반지름을 구하려면 지름을 2로 나누면 된다.

- 줄자를 원 바로 바깥에 둥글게 놓고 그 길이를 측정한다. 이것을 원둘레(또는 원주)라고 한다. 나무 같은 것을 잴 때는 이 방법이 중심을 가로질러 재는 것보다 훨씬 쉽다! 그 다음에는 원둘레를 'π'로 나누면 지름이 나온다. 그 다음 지름을 2로 나눠 반지름을 구해야 하는 걸 잊지 말 것.

아차! 《수학이 수군수군》 다른 책을 못 본 사람이라면 'π'가 뭔지 궁금하겠지? 이것은 원을 다루는 특별한 수로 '파이'라고 읽는데 3.1416과 같다. 원둘레로 지름을 알고 싶으면 3.1416으로 나누면 되고 그것을 다시 2로 나누면 반지름이 나온다. 발가락 수를 세는 것을 비롯해 온갖 일에 계산기를 두드리는 사람이라면 이 방법이 괜찮겠지만, 여러분이 씩씩한 사람이어서 계산기는 겁쟁이들이나 쓴다고 생각한다면?

3.1416으로 나누고 다시 2로 나누라면 좀 불공평하다. 그래서 여러분을 위한 특별 비법을 소개한다.

> **원둘레에 0.16을 곱하면 반지름이 나온다.**

이제 계산이 훨씬 쉬워졌지만 더 쉬운 방법도 있다. 원둘레에 2를 네 번 곱한 다음 100으로 나누는 것이다. 그러면 아주 비슷한 답이 나올뿐더러 계산기 좀비가 되는 것보다 훨씬 더 근사하다!

이제 우리는 원의 반지름으로 무장했다.

그렇다면 원의 넓이는 어떻게 구할까? 이런 귀여운 공식이 있다.

$$\text{원의 넓이} = \pi r^2$$

이것은 반지름을 그 자체로 곱한 다음 그 답에 3.1416을 곱하라는 뜻이다. 또 하나 멋진 비법이 있는데, 따분하게 3.1416

을 곱하는 대신 22를 곱한 뒤 7로 나누면 비슷한 답이 나온다.

이 방법이 어떻게 쓰이는지 알기 위해 우리의 둥근 식탁을 보기로 하자.

원을 가로지르는 최대 거리는 1.5m니까 이것이 지름이다. 이것을 2로 나누어 반지름을 구하면 0.75m다. 여기에 넓이 공식을 이용하면 '식탁의 넓이 = πr^2'이니까 '$\pi \times 0.75 \times 0.75$'를 하면 된다.

계산하면 1.767m²이다. 재미를 위해서 그 답을 반올림해 두 자릿수로 만들면 놀라운 결과가 나온다.

대령님! 뭐가 나왔을까요? 저 둥근 식탁은 약 1.8m²예요. 아까 식탁이나 구석 수납장과 넓이가 똑같다고요!

정말 곤란한 모양들

얼룩 넓이를 측정하기는 더욱 까다롭다. 깔끔한 직선 모서리가 하나도 없고 직각이 있을 만한 데도 별로 없기 때문이다. 겁먹지 말라! 이 문제를 해결할 간단한 방법이 있다.

모눈 망 방법

여러분이 할 일은 그 얼룩 위에 '모눈', 그러니까 네모 칸 무늬를 만드는 것이다. 그 이상한 모양이 종이에 그려져 있다면 그 위에 모눈 선을 그리면 되고, 원래 모양 위에 선을 긋기 싫으면 기름종이에 모눈을 그려 얼룩 위에 놓으면 된다. 그 이상한 모양이 식당 바닥에 그려졌다면 빨대 여러 개를 바닥에 놓아 모눈을 표시하면 된다. 아니면 기다란 실도 괜찮다.

중요한 건 모눈의 크기가 도움이 되어야 한다는 것이다. 모눈 크기가 작으면 답이 더 정확하겠지만, 여러분은 고생을 많이 하고 싶지는 않겠지? 작은 종이에 그려진 그림이라면 모눈 크기가 $10mm^2$여도 상관없겠지만 커다란 카레 얼룩에 쓰려면 이런 모눈이 수천 개는 있어야 할 것이다.

마침 이 식당에 있는 빨대의 길이가 200mm이다(0.2m와 같다). 그러니 우리는 이 빨대들을 사용해 정확히 0.2m×0.2m인 정사각형을 여러 개 표시할 수 있다.

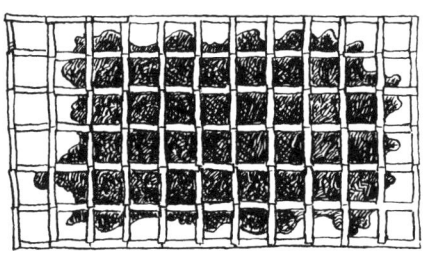

이제 할 일은 얼룩 모양 안에 있는 네모 칸이 몇 개인지 세는 것이다. 이 경우 완전히 얼룩 안에 있는 네모가 31개다. 그것은 굵은 글씨로 표시하기로 하자. **31개의 완전한 네모**. 그리고 부분만 얼룩 안에 들어간 네모가 28개이다. 이제 방법은 두 가지다.

- '부분 네모'의 수를 2로 나누고 그 답을 완전한 네모로 센다. 그러면 28÷2=**14개의 또 다른 완전한 네모**. 완전한 네모들을 모두 더하면 총 45개의 완전한 네모가 나온다.
- 각각의 '부분 네모'들을 자세히 보자. 얼룩 모양이 반 이상이면 그 네모를 완전한 네모로 치고 그렇지 않으면 무시한다. 여기서는 얼룩 모양이 절반 넘게 들어간 네모가 14개이므로 역시 14개의 **또 다른 완전한 네모**가 나왔다. 결국 완전한 네모는 총 45개이다.

이제 얼룩은 45개의 완전한 네모의 넓이와 같다는 걸 알았으니, 남은 것은 네모 하나의 넓이를 계산하는 것이다.

그게 0.2m×0.2m니까 0.04m²이다. 전체 넓이를 구하기 위해서 여기에 네모의 수를 곱해 주면 45×0.04 = ······

참으로 이상한 일이군! 별로 감명받은 것 같지 않으니 말이야.

이런! 돈이 많이 들겠는걸. 얼른 서둘러서 돈이 떨어지기 전에 이 책을 끝내야겠다. 그럼 계속 간다.

무게, 그리고 거의 모든 사람이 큰 실수를 저지르는 이유

깜짝 질문으로 시작하자. 여러분은 자신의 몸무게가 얼마라고 생각하는지? 40kg? 55kg? 197kg? 원한다면 욕실 저울에 올라가 확인해도 좋다.

그래, 같이 노력하는 참여 정신을 발휘해 줘서 고맙다. 그렇지만 아쉽게도 틀렸다.

아주 엄밀히 말하면 여러분의 질량이 40kg, 55kg, 197kg일 것이다. 그러나 사실 '무게'는 중력이 여러분의 질량을 땅으로 끌어당기는 힘이다. 공학자들은 까다롭게 굴 때면 무게를 '킬로그램중(kgw, kgf)'이라는 단위로 나타낸다. 다시 말해 저울이 여러분 발을 통해 느끼는 힘이 43kgf라는 말이다. 만약 아주 정확한 저울을 만들 생각이라면 kg 대신에 kgf라고 표시해야 할 것이다.

내 말이 별로 믿기지 않는다면, 저울을 로켓에 싣고 우주 공간으로 날아가 보라. 그런 다음 저울 위에 올라가 보라. 여러분의 무게는 0kg으로 나올 것이다!

그렇다. 여러분은 우주 캡슐 속을 둥둥 떠다니면서 기가 막힌 공중제비도 넘고 제어판 여기저기에 토하기도 하지만, 대체 어떻게 된 일일까? 여러분의 43kg은 어디로 갔을까? 누군가 여러분이 떠다닐 수 있게 몸 안에 몰래 풍선 가스를 집어넣은 걸까? 아니면 어떤 우주 구더기들이 여러분 내장 안에 침입해서 뼈와 혈관, 신경 등 몸 안의 모든 것을 다 먹어치우고 얇은 피부 껍질만 남은 걸까?

아니다. 절대 겁먹지 말라. 여러분의 질량은 여전히 43kg이다. 질량은 여러분을 구성하고 있는 것들의 양을 나타낸 것이기 때문이다. 그렇지만 중력이 없으면 여러분을 밑으로 끌어당기는 힘도 없기 때문에 여러분의 무게(저울이 나타내는 바로 그것)는 0이다.

이제 그 문제를 이해했으니, 더는 아무렇지도 않은 척, 잘난 척하지 말고, 비록 엄밀하게는 틀렸다 해도, 모든 사람이 보통 말하는 것처럼 무게로서 질량에 관한 얘기로 돌아가자.

질량의 단위(무게의 단위라도 해도 좋다)는 세 가지 편리한 사이즈로 나타낸다.

- **그램(g)**: 이것은 포켓 사이즈로, 초콜릿 상자나 햄스터 같은 것에 쓰인다.

- **킬로그램(kg)**: 이것은 표준 사이즈로, 사람이나 비료 부대 같은 것에 쓰인다.
- **톤(t)**: 이것은 대형 사이즈로 전함이나 사무실용 건물에 쓰인다.

1,000g은 1kg이고 1,000kg은 1t이다.

죽은 파리의 무게는 어떻게 잴까

큰 물건의 무게를 재는 일은 꽤 간단하다. 그것을 저울이나 천칭에 올려놓으면 그만이다. 그렇지만 정말 작은 것의 무게를 재어야 한다면?

나만의 특수 저울을 만들어야 한다. 준비물은 우편엽서 한 장, 빨대 한 개, 기다란 핀 한 개 그리고 모눈종이 약간이다.

그리고 요리용 저울도 필요하다.

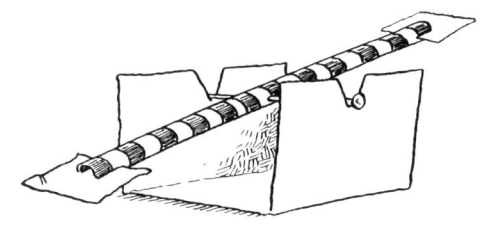

마침 위 그림에 모두 설명되어 있군. 우편엽서를 3면으로 접어 거치대를 만들고 접착제로 탁자에 고정하면 좋다. 엽서 위쪽에 작은 홈을 판 다음, 빨대 한가운데를 통과하는 핀을 홈에 걸치고 균형을 잡는다. 빨대 양 끝에 가느다란 틈을 내어 종이를 끼워서 물건을 올려놓을 작은 쟁반을 만든다. 균형이 맞지 않으면 종이를 조금 잘라내어 빨대에서 더 높은 쪽 끝에 덧끼워 정확히 균형을 맞춘다.

이제 해야 하는 더 똑똑한 방법은 나만의 '추'를 만드는 것이다.

- 여러분한테 있는 모눈종이를 모두 가져다가 요리용 저울에서 무게를 달아 본다. 모눈종이가 10장이고 무게는 80그램이라고 해 보자.
- 모눈종이 한 장의 무게는 얼마인지 계산한다. 이 경우는 80÷10이니까 8g이다.
- 모눈종이 한 장의 넓이는 얼마인지 윗면과 옆면을 따라 정사각형의 수를 세어 보고 그 수를 함께 곱한다. 60×42라면, 넓이는 정사각형 2,520개이다.
- 정사각형 하나의 무게를 계산한다! 8÷2,520이니까 0.00317g이다.
- 모눈종이에서 정사각형 몇 개를 오려낸다. 이것이 나만의 추이다! 정사각형 2개짜리, 5개짜리, 10개짜리 조각도 몇 개 있으면 편리하다.

이제 할 일은 죽은 파리나 구운 콩, 코딱지 등을 여러분의 특수 저울 한 쪽에 올려놓고, 균형을 맞추려면 몇 개의 정사각형이 필요한지 알아보자. 뚱뚱한 구더기의 경우 정사각형 39개의 무게가 나간다면, 구더기 무게는 39×0.00317g이니까 0.124g이다. 역시 알고 나면 쓸모가 많지?

반짝반짝 뒤죽박죽
대롱대롱 매달린 각도

두 개의 선이 만나면 항상 각도가 생긴다.

흠, 제발 그만하시죠! 다행히 반짝이는 스팽글 타이즈를 입은 우리의 베로니카 검플로스가 발레 연습 준비가 되었다며, 몇 가지 각도를 보여 주겠다고 한다.

지금 베로니카는 다리를 모으고 있으니까 두 다리의 각도는 0이다. 이제 베로니카가 자세를 보여 주는 동안 우리는 그 다리를 유심히 지켜보자.

여러분이 가장 흔히 보는 각은 직각이다. 이 페이지 가장자리에만 해도 네 개가 있다. 왜냐고? 모서리는 직각이니까. 베로니카가 보여주었다시피 직각보다 작은 각은 '예각', 직각보다 큰 각은 '둔각'이라고 한다. 심지어 여러분은 뒤집어진 각이 '우각'이라는 것도 알았다.

각은 보통 '도'로 측정하는데, 이렇게 아주 작은 '°' 부호로 나타낸다. 직각은 90°이다. 직각 두 개를 합치면 180°가 되면서 직선을 이룬다.

직각 네 개를 합치면 완전한 원이 되어 360°가 된다.

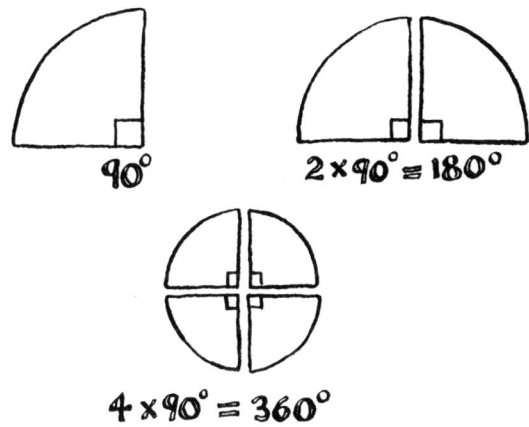

1도인 각을 어떻게 만들까

여러분도 상상했겠지만 1°는 정말 작다. 다음 실험으로 1°가 얼마나 작은지 실감해 보자. 무명실 2m를 준비하고 실 한가운데를 왼쪽 새끼손가락에 끼워 고리를 걸고 왼쪽 팔을 옆으로 뻗는다. 실의 느슨한 양쪽 끝을 오른손으로 잡은 뒤 오른손 엄지와 검지로 두 가닥을 집어 얼굴 앞으로 당긴다.

실 두 가닥 사이의 각도가 약 1°일 것이다. 정말 작지? 그렇지만 언제 오후에 친구들 359명을 모아놓고 무명실로 모두 1°인 각을 만들게 한 다음 가운데로 모으면 완전한 원을 만들 수 있다. 물론 그러다가 각들이 뒤죽박죽 얽히고설킨 난장판으로 끝나겠지만. 정말 재미있겠군.

직각은 몇 살일까?

겁먹지 말라. 여러분에게 답하라고 낸 문제가 아니니까. 하지만 어떻게 이런 문제가 나왔는지는 쉽게 이해할 수 있다. 온도를 측정할 때처럼, 각을 도로 측정한다는 건 별로 헷갈리지 않을 것 같지만, 정말 정확하게 각을 재야 할 때는 좀 곤란해진다. 1도는 60 '분'으로 나뉘기 때문이다. 더구나 우스울 만큼 정확히 측정할 때는 1도의 1분을 다시 60 '초'로 나눈다. 그렇다면 하나의 직각은 5,400분, 다시 말해 324,000초라는 말이 되겠지.

공통각과 특수한 삼각형들

직각 다음으로 여러분이 종종 만나게 되는 각은 30°, 45°, 60°밖에 없다. 이런 각들은 다음과 같이 특수한 삼각형들에서 등장한다.

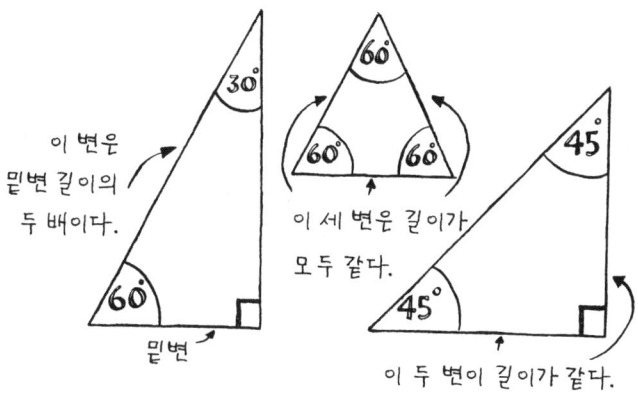

그런데 삼각형의 세 각을 측정해서 모두 더해 보면 항상 180°가 나온다.

이것을 보여 주는 간단한 방법이 있다. 종이를 삼각형으로 오려서 세 모서리를 찢어라. 그 모서리들을 합쳐 보면 직선이 된다!

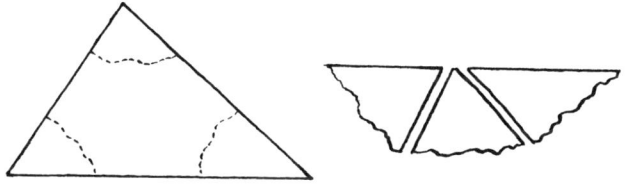

각 측정하기

각을 측정할 때는 각도기가 있어야 한다.

각도기는 보통 반원 모양으로 생긴 플라스틱 조각으로 제도기 세트에 들어 있다. 각도기 바닥 쪽 한가운데에 점이 있는데, 여러분이 재려는 각의 뾰족한 끝에 이 점을 맞춘다. 이제 각도기의 바닥선이 각을 이루는 한쪽 선과 일치하게 잘 맞추면 된다. 그러면 나머지 선이 각도기 둥근 면의 눈금을 가리키게 되는데 그 눈금이 각의 크기를 말해 준다.

보통 각도기에는 두 벌의 숫자들이 씌어 있다. 어느 숫자를 읽어야 할지 알려면 약간의 상식을 발휘해야 한다. 재려는 각이 직각보다 확실히 작다면 90보다 작은 수를, 직각보다 크다면 큰 수를 읽어야 한다. 아주 간단하지?

다만 180°보다 큰 우각을 잴 때만 조심하면 된다.

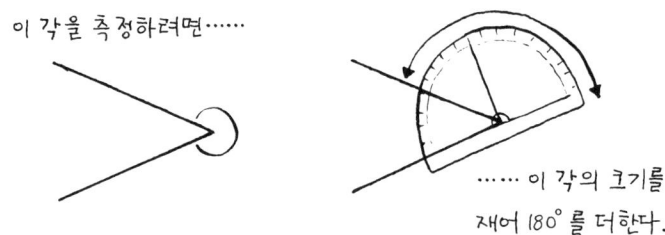

각도기를 그림과 같이 놓고 잰 다음, 그 각의 크기에 다시 180°를 더해야 한다는 것을 잊으면 안 된다.

길을 찾아라

각의 중요한 쓰임새 가운데 하나가 '방위'를 나타내는 것이다. 다시 말해 여러분이 어느 방향으로 가야 하는지 설명할 때 필요하다.

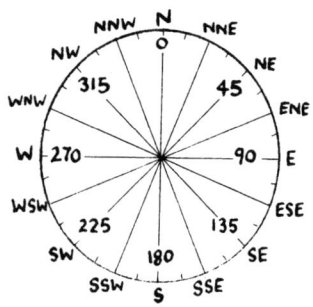

여러분이 할 일은 자침(항상 북쪽을 가리킴)이 나침반의 'N' 위에 오도록 방향을 맞추는 것이다. 방위 $0°$는 정확히 북쪽을, $180°$는 정확히 남쪽을 뜻한다. 옛날 뱃사람들은 '서남서(wsw)' 같은 말로 방위를 나타내곤 했다. 나침반을 보다 보면 $247\frac{1}{2}$같은 각이 나오기도 한다.

파지직! 어이쿠, 어떻게 된 거지? 갑자기 여러분의 눈에 눈가리개가 채워져 있고, 느낌으로 보아 절벽 끝에 서 있는 것 같다. 목을 간질이는 시원한 산들바람이 느껴지고, 썩은 양배추 냄새가 바람에 실려 온다.

"하하!" 멀리서 목소리가 들린다.

"맙소사, 또예요?" 여러분이 대답한다. 그 냄새와 "하하" 소리가 너무도 익숙하다. 사악한 찰거머리 박사가 또 한 번 사악한 수학 함정을 만든 것이다.

"꼼짝 말고 서 있어! 내가 성난 바다 위 높은 절벽 비좁은 바위 끝으로 널 순간 이동시켰으니까." 박사가 고함을 친다.

"오, 멋져요. 근처에 우편엽서 파는 곳이 있겠죠?"

"일 분 후에도 그렇게 잘난 척하나 두고 보자!" 박사가 큰소리친다. "지금 네 앞에는 이쪽으로 돌아올 수 있는 좁은 길이

있지만, 한 발짝이라도 엉뚱한 방향으로 내딛었다가는 죽음을 향해 곤두박질치게 될걸!"

여러분 머리 위로 갈매기들이 맴돌고 있다.

갈매기들은 전에도 이런 장면을 본 적이 있는지, 곧 바위 위에 맛있는 먹이가 차려진다는 사실을 아는 것 같다. 꿀꺽!

"아아, 걱정 마!" 찰거머리 박사가 비웃는다. "그 길을 따라 곧장 걸어오면 넌 자유의 몸이 될 테니까. 하지만 그냥 하면 재미가 없지─우선 내가 널 제자리에서 돌려 주마!"

여러분의 귀에 다가오는 발자국 소리가 들리고 냄새는 더욱 심해진다. 갑자기 거친 두 손이 여러분의 팔꿈치를 붙잡는다.

"도대체 나를 얼마나 돌리려고요?" 여러분은 거친 숨을 감추려 애쓰면서 묻는다.

"지금은 기분이 좋으니까, 너에게 선택권을 주지!" 박사가 낄낄 웃었다. "1에서 500까지 수 가운데에서 골라. 그 각도만큼

널 돌릴 테니까!"

몇 초 후 여러분은 안전한 곳에 도착해 눈가리개를 뺀다. 뒤돌아 보니 박사가 미친 듯이 화를 내며 펄펄 뛰고 있다.

"제기랄!" 박사가 분노를 터뜨린다. 불만스러운 갈매기들이 그의 머리에 정확히 폭탄 몇 발을 투하했기 때문이다.

그런데 여러분은 어떻게 그곳을 빠져 나왔을까?

답은 여러분이 360° 회전을 선택했기 때문이다. 그것은 완전히 한 바퀴 돌았다는 뜻이다. 그러고는 찰거머리 박사가 여러분을 제자리에 되돌려 놓았다는 걸 깨닫기 전에 곧장 걸어오기만 하면 되었던 것이다!

당황스러운 각

각을 측정할 때 가장 흔히 쓰이는 단위가 도이긴 하지만, 다른 단위들도 있다. 원을 360°로 나누는 대신에, 400그레이드로 나누는 사람들이 가끔 있다. 직각이 100그레이드이니까 그럴듯해 보일지 모르지만, 실은 멋진 생각으로 받아들여진 적이 한 번도 없다. 사실 여러분은 그레이드로 표시된 각도기를 측은하게 생각해야 한다. 그것은 아기 기저귀를 입고 파티에 갔는데, 알고 보니 그게 멋진 옷이 아님을 깨닫는 것과 같을 테니까.

움직이는 각

도로 각을 재는 도각법이 마음에 들지 않으면 완전히 다른 방법으로 각을 잴 수도 있다. 반지름이 1m인 원이 있다고 해 보자. 이 원의 둘레를 따라 1m 거리를 두고 표시하면…….

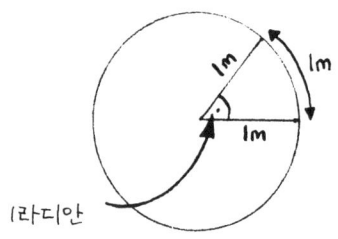

한가운데서 만들어지는 그 각이 1라디안(호도)이다.
완전한 원은 약 6.28라디안이다. 여러분이 'π'를 알면 혼자

서도 이것을 이해할 수 있다. 반지름이 1m인 원의 둘레는 2π m, 다시 말해 약 6.28m가 되기 때문이다. 그러나 π를 모른다고 해도 다음 그림을 보면 원이 약 6.28라디안이라는 것을 알 수 있다.

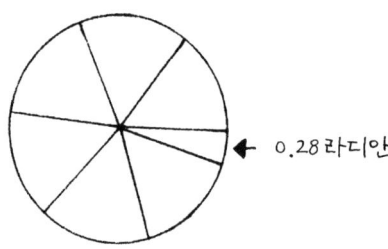

여기서 여러분은 6.28라디안 = 360° 임을 알 수 있다.

라디안은 머리 좋은 사람들이 특정한 문제를 더 쉽게 만들려고 할 때 사용하지만, 우리 같은 사람들은 걱정할 필요가 없다.

> 수학이 수군수군 선생님께,
> 그건 불공평해요. 라디안을 설명해서 놓고는 머리 좋은 사람들만 그걸 쓴다고 말씀하시다니요. 도대체 그런 사람들은 어떤 문제를 푸나요? 왜 말씀을 못 하세요? 우리가 너무 머리가 나쁘다거나 뭐 그렇다고 생각하시는 거예요?
>
> 기분 나빠서 토라진
> 솔직히 김새 드림.

좋다, 물었으니까 답하지. 라디안은 '각의 이동'을 분석할 때 특히 유용하다. 그러니까 바퀴, 컨베이어벨트, 터빈처럼 원으로 움직이는 것들에 쓰인다는 뜻이다.

한 가지 특수한 라디안 문제는 진자에 관한 것이다. 옛날 괘종시계에 대롱대롱 매달려 흔들거리는 거 알지? 양쪽으로 오락가락하는 거리가 지나치게 크지만 않다면, 진자가 오락가락하는 시간은 항상 똑같다. 이것은 수학으로 증명할 수 있지만, 진자가 오락가락하는 각의 크기는 라디안으로 잴 때만 가능하다. 어째서 그러냐고?

수학이 수군수군 선생님께,
훨씬 낫군요.

　　　　　　　　　　　말씀을 잘 듣는
　　　　　　　　　　　솔직히 김새 드림.

추신. 각도는 그만하면 됐고요. 이제 다른 얘기를 하면 안 될까요?

덩어리와 혹, 그리고 원리에 관한 질문

지금까지 우리는 1차원으로 선을 측정하고 2차원으로 넓이를 측정하는 방법을 알아보았다. 이제 3차원 세계로 이동할 순간이다. 그러니까 부피를 측정하게 되는데, 나쁜 소식과 좋은 소식이 있다.

- 나쁜 소식은 계산이 더 어려워진다는 것이다. 윽.
- 좋은 소식은 계산하지 않아도 될 때가 많다는 것이다. 부피를 측정하기 위한 더 재미있는 방법들도 있다. 왜냐하면 덩어리는 공간을 차지할뿐더러 무게를 잴 수도 있거든.

계산

앞에서 직사각형 식탁을 측정했고 그 넓이가 길이 곱하기 너비였음(또는 직사각형의 넓이 = ab라는 공식)을 기억하라. 그리고 답은 항상 m^2로 표시했다.

콘플레이크 상자처럼 옆면이 직사각형인 어떤 것이 있을 때, 그것의 부피를 구하려면 높이와 너비, 길이를 같이 곱하기만 하면 된다. 다시 말해서 세 번 측정해야 한다는 뜻이다. 모든 측정에 똑같은 단위를 사용하는 것을 잊지 말자!

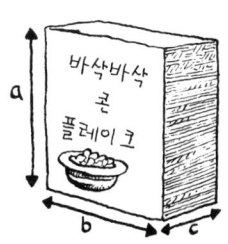

직사각형의 면을 가진 것들을 '직육면체'라고 하며 부피 공식은 다음과 같다.

직육면체의 부피 = 길이 × 너비 × 높이 = abc

길이와 너비와 높이가 마침 모두 똑같다면 그것은 '정육면체'이고, 부피는 길이 × 길이 × 길이 즉 a^3이다.

알다시피 넓이의 단위는 m^2이다. 다행히 부피의 단위도 그만큼 쉽다. m×m×m를 하면 답은 세제곱미터 즉 m^3이다.

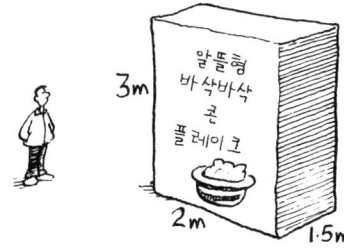

부피 = 2 × 3 × 1.5 = $9m^3$

고약한 생각

$1m^3$는 몇 mm^3일까? 앞에서 우리는 $1m^2$가 $1,000,000mm^2$라는 걸 알았다. 그렇다면 다음 계산을 보자. $1m^3$=1m×1m×1m=1,000mm×1,000mm×1,000mm. 계산해 보면 $1m^3$는 10억 mm^3임을 알게 될 것이다. 못 믿겠다면 1m×1m×1m인 나무 블록을 구해서 각 방향으로 조심스레 1,000조각으로 자른 다음 그 조각들의 수를 세어 봐도 좋다. 그러면 35,007년까지는 다 셀 수 있을 것이다. 그때쯤이면 여러분은 시키지 않아도 깨끗이 목욕하고 옷을 갈아입으려 하지 않을까?

석유 드럼통과 수프 깡통

정육면체와 직육면체를 뺀 나머지 입체 도형의 부피는 보통의 측정과 계산만으로 알아내기는 힘들다. 다행히 누구나 알아야 할 부피는 한 가지뿐인데 바로 깡통이나 석유 드럼통 같은 원통형의 부피이다.

여러분이 할 일은 원의 지름 또는 원통의 둘레를 측정하는 것뿐이다. 아무거나 쉬운 것으로 측정한 다음 바닥 넓이를 구한다. 이건 쉽다. 바닥은 원이고 원에 관해서는 앞에서 다 설명했으니까. 그런 다음에는 높이를 측정해서 바닥 넓이에 높이를 곱해 준다. 그렇게 하면 원통의 부피가 나온다.

아니, 풍고. 꼭 그렇지는 않다. 이렇게 계산한 부피는 그 드럼통에 얼마나 많이 들어가느냐를 알려 준다. 필요한 건 드럼통 내부 공간이 얼마나 되느냐, 다시 말해 용적이 얼마인가 하는 것이다. 보통 통조림 깡통이나 드럼통 벽의 두께는 매우 얇아서 용적은 부피와 거의 비슷하다. 그러나 벽이 두꺼우면 내부 측정이 필요하다.

용적을 알아내는 것도 쉽다. 내부 지름을 측정해서 내부 바닥 넓이를 계산하고, 다시 내부 높이를 측정해서 그것을 같이 곱해 주면 된다. 아주 쉽다는 데는 여러분도 동의하겠지만 축축한 방법이 더 좋다는 사람도 있지 않을까? 이 방법은 더 재미있고, 무엇보다 어떤 모양의 통이든 용적을 계산할 수 있다. 거대한 토끼 모양 젤리 틀까지도 말이다.

1. 측정 따위는 던져 버리고 큰 계량컵을 준비한 후, 가장 가까운 수도꼭지에 호스를 연결한다.

2. 계량컵에 정확한 양의 물을 채운다(예를 들어 1L).

3. 물을 통 안에 붓는다.

4. 계량컵에 계속 물을 채워서 통에 붓는다. 통이 가득 찰 때까지 몇 번을 부었는지 센다.

그렇다면 그 드럼통의 용적은 293L이다!

리터란 보통 '용적'을 측정하는 단위이다. 여러분이 원한다면 용적을 m³로 나타낼 수도 있다. 다만 1m³가 1,000L라는 것만 알고 있으면 된다. 이 경우 용적은 0.293m³이다.

풍고가 불을 때는 동안 우리는 리터와 세제곱미터에 관해 다시 생각해 보자. 리터는 용적에 사용되기도 하지만 액체의 양을 나타낼 때도 자주 사용된다. 액체는 어떤 모양으로든 다 될 수 있기 때문이다. 우유 배달 아저씨가 완전히 정신이 나가서 어느 날 1m×1m×1m 팩에 든 우유를 배달했다. 여러분 집 현관 앞에 1m³짜리 우유가 떡하니 앉아 있다. 우유 팩은 정육면체이고 각 방향의 길이가 1m이기 때문에 보기만 해도 쉽게 용적을 알 수 있다.

여러분은 이 우유 팩을 안으로 옮기기가 곤란하다는 것을 깨닫는다. 우선 문틀과 벽의 일부를 부수어야 했고, 우유 팩을 들려고 보니 무게가 1톤이었기 때문이다. 부엌 식탁에 우유 팩을 올려놓았을 때쯤에는 커피 한 잔이 생각난다. 그런데 진짜 문제는 이제부터 시작이다.

커피에 우유를 타고 싶은데 먼저 우유 팩을 열어야 하기 때문이다. 이 우유 팩을 열었을 때 벌어질 사태는 짐작할 것이다. 철퍽! 우유가 사방에 쏟아진다. 바닥과 식탁에 온통 흥건하고 천장에서도 우유가 떨어진다. 신발에도 우유가 들어가고 코에도 들어가고, 라디오는 우유를 줄줄 흘린다. 사실 우유의 흔적이 없는 곳은 여러분의 커피뿐이다. 이 대목에서 여러분은 그 난장판을 돌아보면서 $1m^3$의 우유는 골치 아프다고 생각한다. 왠지 그걸 1,000L라고 하는 편이 더 자연스러워 보인다.

화려한 왕관

이제 우리는 정육면체나 원통의 부피를 계산할 수 있다. 그런데 누군가 온통 순금 나뭇잎들로 장식되어 번쩍번쩍 빛나는 왕관을 들고 찾아온다면, 여러분은 그 왕관의 부피를 어떻게 잴까?

이것은 지어낸 문제가 아니라, 역사상 가장 어려웠던 측정 문제 가운데 하나로, 약 2,250년 전 시칠리아의 시라쿠사라는 곳에서 실제 있었던 일이다. 이 이야기에는 도둑질, 사기, 음모, 잔인한 벌, 그리고 천재적인 탐정이 등장한다. 다시 말해 여러분이 《수학이 자꾸 수군수군》에서 기대하는 것들이니, 이제 팝콘을 움켜쥐고 영화 제목부터 보자.

원리에 관한 문제

출연
주연: 히에론 2세 – 시라쿠사의 왕 역
공동 주연: 아르키메데스 – 수학 마법사 역
특별 게스트: 리포페데스 – 사기꾼 대장장이 역
조연: 도메스티키테스 – 시녀 역

기대하시라! 원리 2 - 속편!

포도와 코끼리

이 화려한 왕관 이야기에서 가장 좋은 점은 모두 수학 이야기이면서도 수가 전혀 나오지 않는다는 것이다! 아르키메데스가 깨달은 건 어떤 물체를 물속에 넣는 것이 부피를 측정하는 아주 좋은 방법이라는 것이다. 이 방법은 지금도 쓸모가 많다. 포도송이처럼 모양이 이상한 작은 물체의 부피는 어떻게 잴까?

- 커다란 계량컵에 물을 반쯤 채운다. 이를테면 500mL 표시까지 채운다. 계량컵에 표시된 'mL'는 밀리리터이다. 1mL는 천분의 1L이며, $1cm^3$와 같고, 백만분의 $1m^3$와도 같다.
- 포도송이를 물속에 집어넣고 공기 방울이 남김없이 빠져나오게 한다. 포도송이를 완전히 물속에 가라앉힐 때에도 역시 디바이더가 편리하다. 아니면 따분하게 숟가락을 사용해도 된다.
- 계량컵에 올라온 물의 높이를 표시한다. 예를 들면 830mL.
- 새 물 높이에서 아까 물 높이를 뺀다. 이 경우 830-500= 330mL인데 그것이 바로 포도송이의 부피이다!

약간의 상식만 발휘한다면, 더 큰 물건에도 똑같은 비법을 쓸 수 있다. 다음은 코끼리의 부피를 재는 방법이다.

- 건축 폐기물용 컨테이너 같은 큰 통에 코끼리를 넣는다.
- 코끼리가 완전히 잠길 때까지 통에 물을 채운다. 반드시 코끼리가 물에 완전히 잠겨야만 하므로 디바이더를 사용해서 코끼리를 밑으로 밀어 넣는다.
- 코끼리가 몸부림을 멈추고 물이 잔잔해지면 통에 물 높이를 표시한다.
- 코끼리를 통에서 조심스레 들어 올린 다음, 공중에 붙들고 흔들어서 코끼리에서 떨어지는 물이 전부 통 안에 들어가게 한다.
- 계량컵과 호스를 준비한다. 계량컵에 물을 가득 담고 아까 표시해 두었던 물 높이까지 계속 물을 붓는다.
- 계량컵으로 몇 번 부었는지 세는 걸 잊으면 안 되겠지? 정확히 세었다면 이제 코끼리 부피를 계산할 수 있다.

여기서 여러분은 코끼리 부피가 6.274378m³임을 계산할 수 있다. 이건 알아두면 편리하다.

많은 사람들이 틀리는 것

아르키메데스의 부피 측정법을 사용할 때는 반드시 물체가 수면 밑으로 들어가게 해야 한다. 그러면 치환된 물의 부피는 잠긴 물체의 부피와 같다. 우리가 본 것처럼, 치환된 물의 부피는 물의 높이가 얼마나 올라갔는지 보면 알 수 있다.

아르키메데스와 왕관 이야기는 아주 잘 알려져 있고, 많은 사람들이 '아르키메데스의 원리'라는 것에 관해 듣는다. 그래서 사람들은 부피를 측정하는 이 방법이 아르키메데스의 원리라고 생각한다. 천만에, 틀렸다. 그 사람들은 이야기의 반쪽만 들은 것이다. 물론 우리는 나머지 반쪽도 알아봐야지. 하지만 그 전에 우리가 처리해야 할 밀린 수학 문제들이 좀 있다.

여러분은 얼마나 빽빽할까?

이런 오래된 농담이 있다. "깃털 1톤과 납 1톤 중에 어느 것이 더 무거울까?" 이 질문은 다른 사람에게 써 먹을 가치가 있지만, 때를 잘 골라야 한다. 누군가 립스틱을 바르거나 세탁기를 고칠 때, 또는 바닷가에서 바지를 물고 달아나는 커다란 개를 쫓아갈 때가 가장 좋다. 여러분이 정말 운이 좋다면 이 세 가지를 한꺼번에 하는 사람을 찾을 수 있을 것이다. 그때 그 사람을 따라가면서 물으면 이렇게 대답할 것이다.

하하! 물론 답은 둘 다 1톤이니까 어느 것도 더 무겁지 않다. 이제 여러분은 정말 똑똑해 보이고 그 사람은 정말 바보 같아 보인다.

더 흥미로운 질문은 어느 것이 더 많은 공간을 차지할까 하는 것이다. 깃털 1톤일까 납 1톤일까? 답은 깃털 1톤이 더 많은 공간을 차지한다는 것이다. 깃털은 납보다 밀도가 훨씬 낮기 때문이다.

쉽게 말해서 1톤 무게의 깃털은 많이 퍼져 있지만 1톤 무게의 납은 단단히 뭉쳐 있다는 뜻이다. 무게와 밀도의 차이점은 무게는 어떤 것이 얼마나 큰지 상관없지만 밀도는 상관이 있다는 것이다.

이것을 다르게 생각할 수도 있다. 똑같은 상자 두 개가 있는데 하나는 깃털이 가득하고 하나는 납이 가득하다면 분명히 깃털이 든 상자가 더 가벼울 것이다. 깃털을 꽉꽉 채운 상자가 납 상자만큼 무거울 수 없는 이유는 깃털의 밀도가 낮기 때문이다.

밀도를 측정할 때 가장 다루기 쉬운 것이 물이다. 물 1L의 무게를 재어 보면 정확히 1kg이 되기 때문이다. 이 말은 물의 밀도가 L 당 1kg이라는 뜻이다.

이것을 안다면 여러분은 서로 다른 부피의 물이 얼마나 무거운지 알 수 있다. 간단한 예로 물 2L의 무게는 2kg일 테고 그렇게 계속될 것이다. 만약 1,000L의 물이 있다면 그 무게는 1,000kg인데 이건 흥미롭다. 왜냐하면 1,000L는 $1m^3$이고 1,000kg은 1톤이기 때문이다. 여기서 또 하나의 멋진 결과가 나온다. 물의 밀도는 세제곱미터 당 1톤이고 $1t/m^3$이라고 쓴다.

부피와 무게를 묶어 생각할 때는 밀도가 매우 편리하다. 예를 들어 퐁고가 293L의 수프를 만들었을 때, 그는 대강의 무게도 알 수 있을 것이다. 수프는 거의 물과 같으니까 밀도는 약 1kg/L일 테니, 수프 무게는 약 293kg일 것이다.

물에 뜨기와 가라앉기

재미있으라고 하는 말인데, 물보다 밀도가 작으면 모두 물에 뜬다.

예를 들어 대부분의 나무는 밀도가 $0.8t/m^3$으로 물보다 작다. 그래서 나무가 물에 뜨는 것이다!

반면에 금의 밀도는 $19.3t/m^3$이다. 그렇다면 금은 물에 뜰까 가라앉을까? 물론 금의 밀도는 물의 밀도보다 거의 20배 크므로 퉁 소리를 내며 바닥에 떨어져 꼼짝하지 않는다.

여러분의 부피는 어떻게 측정하지?

그런데 살짝 뜨거나, 아니면 아주 천천히 살짝 가라앉는 것들도 있다. 사람을 비롯한 육지 동물들이 그렇다! 이 말은 인간의 밀도가 물의 밀도와 매우 비슷하다는 뜻이고, 덕분에 부피도 쉽게 알 수 있다는 뜻이다. 여러분이 할 일은 몸무게를 재는 것이다. 물론 킬로그램 단위로 말이지.

만약 옛날식으로 스톤과 파운드로 표시된 저울이라면 킬로그램으로 환산해야 한다. 스톤에 14를 곱한 다음 파운드로 나온 무게를 더하면 전체 무게가 파운드로 된다. 그 수를 2.2로 나누면 킬로그램이 나온다.

여러분의 밀도는 L 당 1kg인 물과 거의 같으므로, 여러분의 부피는 무게 1kg 당 1L이다. 여러분의 몸무게가 41kg이라면 부피는 41L이다! 원한다면 1,000으로 나누어서 부피를 m^3로 나타낼 수도 있다. 이 경우는 $0.041m^3$가 되겠지?

이런 것을 알아 두면 옛날부터 대학생들이 좋아하는 실험, 즉 작은 자동차 안에 몇 명 들어갈까 하는 문제를 풀 때 정말 편리하다. 여러분은 우선 자동차 내부 용적을 알아내야 한다. 작은 자동차의 경우 보통 $2.3m^3$이다. 계량컵으로 선루프를 통해 물을 부은 횟수를 세어서 확인해도 된다. 이제 여러분은 각 대학생들의 대강의 부피를 알아낸다. 아마 65L 즉 $0.065m^3$가 나올 것이다. 이제 남은 일은 자동차 내부 공간을 학생 한 명에게 필요한 공간으로 나누는 것이다. 그러면 2.3÷0.065니까 35명이 조금 넘을 것이다.

작은 차 안에 정말 많이 들어가는 것 같지? 물론 대학생들을 차 안에 태울 때는 몇 가지 엄격한 지침을 따라야 한다. 크고 어색한 부츠, 지나치게 큰 귀고리, 헐렁한 옷을 입거나, 곰 인형을 가지고 타는 건 절대 안 된다. 그리고 머리에 교통안전 원뿔을 쓰거나 토스트와 만화책이 가득한 책가방을 가지고 타서도 안 된다.

이제, 대학생들을 태울 준비가 끝났지? 한 가지 더 유의할 점은 차 안의 작은 공간 하나까지 전부 활용해야 한다는 것이다. 대학생들을 차에 태우기 전에 분쇄기를 거치도록 하는 게 낫겠군.

그런데 앞 장에서 우리 코끼리의 부피가 $6.274378m^3$였지? 코끼리 밀도는 물의 밀도($1t/m^3$)와 거의 같으니까 코끼리 무게는 약 $6\frac{1}{2}$톤일 것이다.

부력

어떤 물체를 물이나 다른 액체 속에 넣을 때, 그 물체를 위로 밀어내는 힘이 부력이다. 앞에서 본 것처럼, 어떤 물체의 밀도가 액체의 밀도보다 작으면 그 물체를 밀어 올려 뜨게 하는 힘이 충분하다. 그러나 액체보다 밀도가 큰 물체를 넣으면 물에 뜨게 하는 힘은 충분하지 않다. 중요한 점은 그래도 그 힘이 작용한다는 것이다. 단지 충분히 크지 않을 뿐이다! 이 말은 여러분이 역도 선수라면 물속에서는 부력이 도와주기 때문에 인생이 훨씬 쉬워진다는 뜻이다.

흥미로운 질문 하나 할까? 여러분이 어떤 것을 물속에 넣을 때 그것을 밀어 올리는 힘은 정확히 얼마나 될까? 바로 여기서 아르키메데스의 원리가 등장한다. 그러니 《수학이 자꾸 수군수군》 독자들은 세계의 절반을 바로잡을 수 있도록, 다음 영화를 보시라.

원리에 관한 문제 2

주연: 히에론 2세-시라쿠사의 왕 역
또 주연: 아르키메데스-수학 마법사 역
별로 안 주연: 히에페스-부정직한 변호사 역
거의 안 주연: 리포페데스-사기꾼 대장장이 역

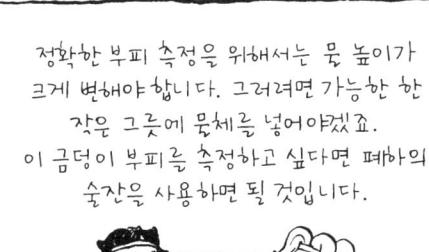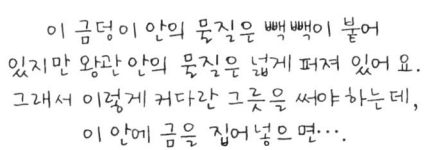

170

그렇다. 바로 그것이 진짜 아르키메데스의 원리다.

> **물에 잠긴 물체에 작용하는 부력은 밀려난 물의 무게와 똑같다.**

사실 아르키메데스 덕분에 우리는 여객선과 잠수함을 설계할 수 있게 되었다. 물론 이 이야기가 다음과 같이 끝났다면 훨씬 더 좋았을 것이다.

...... 하지만 이건 방금 지어낸 얘기다.

시간을 통제할 수 없는 이유

인간이 발명하지 않은 유일한 측정 단위가 시간이라는 건 흥미롭다. 우리 인간은 1m가 얼마나 되는 길이인지, kg이 얼마나 되는 무게인지 정했고, 완벽한 원 하나에 몇 개의 도가 들어갈지 선택했고 그밖에도 많은 도량형을 정했다. 우리는 최대한 계산이 간단하도록 이런 단위들을 선택했지만 불행히도 시간만큼은 우리가 생각해 낸 것이 아니다. 시간은 우주를 만든 누군가가 만든 것이다. 그리고 시간은 진짜 끔찍한 수학 문제를 만드는 것으로 보아, 그 누군가는 틀림없이 성질이 고약할 것이다.

시간을 측정하는 방법이 하나뿐이라면 뭐 나쁠 것도 없지만 우리가 전혀 통제할 수 없는 시간의 단위는 적어도 세 가지나 된다.

우리에게 주어진 주요 측정 단위는 이것이었다.

- **하루**는 지구가 지축을 중심으로 한 바퀴 도는 데 걸리는 시간이다.

우리가 같이 생각하고자 하는 나머지 두 단위는 다음과 같다.

- **한 해**는 지구가 태양 주변을 한 바퀴 도는 데 걸리는 시간이다.

- **음력 한 달**은 보름달이 다음 번 보름달이 되는 데 걸리는 시간이다.

시, 분, 초 같은 작은 시간 단위들은 모두 사람이 만든 것이다. 그러나 맨 처음에는 하루를 정하는 것부터 시작해야 했다.

옛날 달력들

맨 처음에 하루하루를 그럴듯한 단위로 묶어 보려고 했던 사람들 가운데는 고대 바빌로니아 인들이 있었다. 이들은 음력을 중요하게 여겼고, 음력 한 달을 30일로 정했지만 사실은 $29\frac{1}{2}$일밖에 안 된다는 것을 알고 있었다. 이 이상한 반쪽 하루 때문에 두 달이 지날 때마다 달이 하루 일찍 나왔으므로 골치가 아팠다. 더욱 골치 아픈 것은 열두 달을 한 해로 정했다는 사실이었다. 지구가 태양 주변을 도는 데 정확히 360이 걸리면 좋았겠지만 불행히도 지구는 고집스레 365일을 조금 넘게 돌았고, 따라서 몇 년마다 추가로 한 달을 더 끼워 넣어야만 바빌로니아 달력은 계절의 변화를 맞출 수 있었다.

나중에 고대 이집트 인들은 바빌로니아 인들의 방법을 바꾸었다. 이들은 달보다는 해에 날을 맞추었다. 열두 번째 달 뒤에 추가로 5일을 덧붙여서 1년이 365일이 되도록 했는데, 이것이 훨씬 나았다. 그러나 1년은 약 $365\frac{1}{4}$일이므로 결국 이들은 나머지 $\frac{1}{4}$일을 받아들이는 것이 낫다고 생각했다. 그래서 4년마다 하루를 덧붙였고, 이렇게 해서 윤년이 생겨났다.

마침내 기원전 45년, 로마 인들은 자기네 달력이 끔찍하다는 결론을 내렸다.

정치가들이 남는 날이나 달을 마음대로 아무 때나 끼워 넣었기 때문이다. 이집트력을 채택한 율리우스 카이사르 황제는 우리가 오늘날 아는 것처럼 1년을 열두 달로 하고 윤년에 덧붙은 하루는 2월 말에 끼워 넣도록 했다. 카이사르는 또 7일을 1주일로 정했고 심지어 자기 이름을 따서 '퀸틸루스'라는 달 이름을 '율리우스'로 바꾸었다. 오늘날 영어로 'July'라고 하는 그 달이다. 다음 번 황제도 달에 자기 이름을 붙이는 것이 멋있다고 생각했으니, 그 황제 이름이 아우구스투스(영어로 'August')였다는 것도 놀랄 일은 아니다.

우연히도 1월의 이름 'January'는 문을 지키는 로마의 신 '야누스'의 이름을 딴 것인데, 1월에는 새로운 해의 문턱을 넘는다는 뜻이 있었다. 더 멋진 이유가 있다. 야누스는 두 개의 얼굴을 가졌다고 하는데, 하나는 묵은해를 되돌아보고 하나는 새해를 기대하기 때문이라고도 한다.

사라진 날들

율리우스 카이사르의 달력은 1,600년 넘게 쓰이기는 했지만 자연이 우리에게 준 시간들을 감당하지 못했다. 이 달력은 1년을 정확히 $365\frac{1}{4}$일로 계산했기 때문에 실제보다 약 11분 13초가 길었다. 세월이 흘러 1582년에, 교황은 달력이 실제 날짜보다 10일 늦다는 사실을 깨달았다.

교황 그레고리우스 13세는 다음 두 가지를 결정했다.
- 우리에게는 그렇게 많은 윤년이 필요 없다.
- 놓쳐 버린 10일을 따라잡아야 한다.

첫 번째 문제는 이렇게 해결했다. 4년에 한 번씩 윤년을 둔다. 또 100으로 나누어떨어지면 윤년이 아니다. 하지만 400으로 나누어떨어지면 윤년을 둔다. 그래서 2000년은 윤년이었지만 2100년, 2200년, 2300년은 윤년이 아니다. 혹시라도 누군가 여러분을 2300년 2월 29일 초대형 파티에 초대한다 해도, 나갈 생각을 말 것. 그건 농담이니까.

두 번째 문제는 아주 재미있다. 왜냐하면 정확한 날짜를 따라잡기 위해서 모두 10일을 건너뛰어야 했기 때문이다. 이를테면 4월 1일에서 4월 12일로 건너뛴다는 거지. 당연히 많은 사람들이 겁을 먹었지.

가톨릭 국가들은 교황이 말한 대로 당장 실천에 옮겼지만, 나머지 나라들은 그보다 오래 걸렸다. 영국은 1752년에야 따라잡았는데 그때가 되자 11일을 건너뛰어야 했다. 그 사이 1700년에 윤년이 들었기 때문이다. 그래서 영국인들은 9월 2일에서 9월 14일로 건너뛰었다. 그러니 역사 시간에 이런 문제에 속지 말라.

11일이 없어졌으니 여러분은 1752년이 약간 짧았다고 생각하겠지만 그래도 1751년보다 길었다! 그때까지 영국에서는 항상 1월 1일이 아닌 3월 25일에 새해가 시작되었고, 따라서 1750년의 마지막 날은 3월 24일이었고 다음 날은 1751년 3월 25일이었다. 그러나 다른 나라와 맞추기 위해서 1751년에 영국 달력법은 1751년의 마지막 날을 12월 31일로 하고 1752년은 1월 1일부터 시작된다고 발표했다. 그래서 1751년은 평소보다 83일이나 짧았던 것이다.

윤년은 왜 윤년이라고 할까?

윤년의 '윤閏'은 남는다는 뜻이다. 영어에서 윤년은 'leap year'라고 하는데 'leap'는 '껑충 뛴다'는 뜻이다. 만약 올해 여러분 생일이 화요일이면 내년에는 보통 수요일일 것이다. 그러나 두 번의 생일 사이에 윤날(예를 들어 2월 29일)이 끼어 있다면 하루를 '껑충 뛰어' 다음 생일은 화요일에서 목요일로 건너뛰게 된다.

지금 쓰는 달력은 정확할까?

아니. 우리가 쓰는 달력은 윤년의 수가 거의 정확하지만, 3,225년마다 하루를 더 끼워 넣어야 한다. 심지어 그것도 정확하지는 않을 것이다! 또한 지구의 자전 속도가 조금씩 느려져 날마다 전날보다 0.00000002초 더 길어진다는 것도 문제이다. 그래서 1989년 12월 31일 자정 정각, 1990년이 시작되기 전에 1윤초를 더했다! 이쯤 되면 누가 우주를 만들었는지 몰라도 달력을 맞추려고 이렇게 애쓰는 우리를 보면서 웃을 만하다는 생각이 들지?

그 밖의 달력들

교황 그레고리우스 13세의 달력은 그리스도교에 바탕을 두고 있었지만, 다른 종교들도 나름의 달력 체계가 있었다. 이슬람교는 이슬람력을 쓰고 유대교는 히브리력을 쓰는데, 두 달력 모두 29일과 30일을 번갈아 한 달로 하는 음력을 바탕으로 하고 있으며, 둘 다 필요할 때마다 기발한 방법으로 윤날과 윤달을 보탠다. 고대 아스텍 인들에게는 1년이 365일인 달력과 260

일인 종교 달력을 섞은 더 환상적인 달력 체계가 있었다. 이 달력은 정확히 보통 달력 52년과 종교력 73년이 일치하는데,

이때가 되면 축하하면서 사람을 제물로 바치고, 제물의 가슴을 열어 그 안에 불을 피웠다. 대단한 아스텍 인들, 웃자고 아무 일이나 하면 어떡하나?

시간 측정과 라틴 어로 말하기

이제 날짜에 관해 알아봤으니, 사람들이 하루를 어떻게 나누는지 알아보자. 그 방법은 아래와 같다.

- 하루는 24시간이다.
- 한 시간은 60분이다.
- 일 분은 60초다.

우리는 보통 24시간을 오전 12시간과 오후 12시간으로 나눈다. 그 한가운데를 '정오'라고 하는데, 해를 볼 수 있다면 그때 해는 하늘에서 가장 높은 곳에 있다. 이 위치를 '자오선meridian'이라고 한다. 여러분은 오전 9시를 '9 a.m.'이라고 말하는 것을 본 적은 있어도 그게 라틴 어인지는 몰랐겠지? 라틴어로 '전'이라는 말은 'ante'이며, a.m.은 'ante meridian(자오선

전)'을 줄인 말이다. 라틴 어로 '후'는 'post'이다. 그렇다면 저녁 9시가 9 p.m.이라면 'p.m.'은 무엇을 뜻할까?

디지털시계는 번거롭게 'a.m.'이니 'p.m.'이니 보여 주는 걸 싫어한다. 대신에 보통은 '24시간'을 보여 준다. 오전의 시간은 똑같다. 즉 7:15 a.m.은 07:15로 표시된다.

그러나 오후에 '4:45 p.m.'은 16:45로 표시될 것이다. 16:45 같은 시간에 익숙하지 않으면 시간을 나타내는 수에서 12를 빼면 된다. 그런 식으로 4:45 p.m.임을 알 수 있다.

시계에 관한 이상한 것들

디지털시계를 보면 시각을 분명히 알 수 있다. 디지털시계는 시와 분은 물론 초까지 말해 주는 경우가 대부분이다.

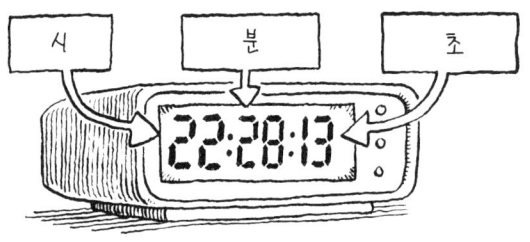

위에 나온 시각은 22시 28분 13초이다. 물론 '22'는 정오가 지난 지 한참 됐다는 뜻이므로 12를 빼면 되니까 지금은 밤 10시 28분 13초란 얘기다.

시간에 관해서, 특히 옛날 시계에 관해서 알고 싶다면 《수학이 수군수군》을 보면 된다. 그러나 이 책은 측정에 관한 책이기 때문에, 여러분은 시계가 시간을 보여 주는 방식 중에는 조금 이상한 것도 있다는 걸 알아야 한다. 자에 그려진 눈금은 센티미터와 밀리미터 같은 한 가지만을 나타낸다. 그러나 시계에 그려진 수와 눈금은 어느 바늘이 그것을 가리키느냐에 따라 그 뜻이 달라진다!

숫자는 시간만을 말해 주므로 작은 시침은 시계에서 숫자를 사용하는 유일한 바늘이다. 이 경우 시간은 대략 '2'시이다.

큰 바늘은 11 근처에 있다. 이것은 분침이므로 우리는 숫자를 무시해야 한다. 여기서 더 중요한 것은 숫자 사이의 작은 눈금들인데, 이 눈금들은 분침과 함께 분을 말해 준다. 보통 시계에는 작은 눈금들 옆에 숫자가 없으니, 몇 분을 나타내는지

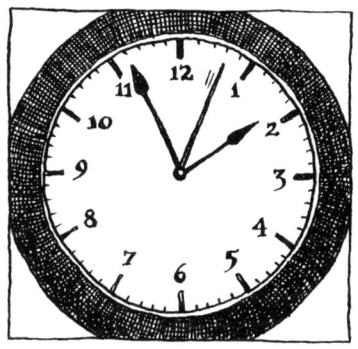

보는 방법을 익혀야 한다. 이 경우 정각을 4분 남겨 놓고 있으므로 2시 4분 전이라는 뜻이다.

그리고 마지막으로 – 진정하라

만약 또 하나의 큰 바늘이 움직이고 있다면, 그것은 똑딱거리며 흘러가는 초를 말해 준다. 이 초침은 분침과 똑같이 작은 눈금을 사용하지만, 이번에는 눈금이 초를 나타낸다. 초에는 따로 표시도 없고 경고 문구 같은 게 전혀 없기 때문에, 여러분

은 다음의 중요한 사실을 기억해야 한다. 움직이는 것이 보이는 바늘이 초침이다.

이 사실은 몇 백 번 소리 내어 읽어서 철저히 익힐 가치가 있다. 그러지 않으면 그 결과는 끔찍해질 테니까.

오, 그래? 초침이 어떤 것인지 잊어버렸다고 상상해 보자. 여러분은 갑자기 초침이 시간을 나타낸다고 생각할지 모른다. 맙소사. 그렇다면 여러분의 수명은 1분마다 12시간씩 똑딱똑딱 사라지고 있다고 생각할 것이다! 그럼 한 시간에 약 한 달. 그리고 내일 이 시간이면 여러분은 두 살은 더 먹게 되고 열두 달 후에는 730살이 넘을 것이다.

이제 누가 바보 같아 보일까? 내가 아까 분명히 경고했지?

와트에서 날씨까지

지금까지 우리는 길이, 넓이, 부피, 밀도, 각도, 시간을 알아보았다. 물론 나머지 거의 모든 것들도 측정이 가능하다. 서로 다른 것들을 측정하는 방법과 단위에 관해 잠깐 알아보자.

속도

속도란 어떤 것이 얼마나 빨리 움직이는지 말해 준다. 어떤 사람이 얼마나 빨리 달리는지 알고 싶다면 우선 시계가 필요하고, 그 사람이 얼마나 달릴지 거리를 알아야 한다.

속도를 구하려면 거리를 시간으로 나누면 된다. 이 경우

$$속도 = \frac{거리}{시간} = \frac{100m}{42초(s)} = 2.38\, m/s \,(초당 미터)$$

만약 m/s(초당 미터를 줄여서 이렇게 쓰고 유식하게는 '미터 퍼 세크'라고 읽는다)를 시간당 킬로미터로 바꾸고 싶다면 m/s 속도에 3.6을 곱하면 된다. 이 경우 $2.38 m/s$니까 $8.57 km/h$가 된다. 이 3.6이 어디서 나왔는지 궁금하다면, 《수학이 또 수군수군》을 보도록.

물론 속도를 재는 다른 방법들도 있다. 여러분이 자동차에 탔다면 속도계로 속도를 읽고, 여러분이 교통경찰이라면 광선총 같은 것을 들고 길가에 서 있을 것이다. 이 스피드 건은 자동차나 할머니가 여러분 앞을 얼마나 빨리 지나가는지 알려 준다.

온도

온도는 보통 온도계로 잰다. 그러나 아주 뜨거운 물체나 아주 차가운 물체를 잴 때는 아주 근사한 전자 장비를 써야 한다. 온도는 '도'로 재는데 보통은 '섭씨'를 사용하며 'C' 자를 같이 붙여 나타낸다. 측정의 많은 단위와 마찬가지로, 섭씨는 물에 일어나는 일을 기준으로 한다. 그래서 물이 어는 온도를 $0°C$로 하고 물이 끓는 온도를 $100°C$로 정해졌다. 여러분 피의 온도는 이 두 온도 사이 $37°C$쯤 어디일 것이다. 핵반응이 일어날 때 온도는 몇 백만 도까지 올라가지만, 세상에 있을 수 있는 가장 차

가운 온도는 '절대 영도'라고 하며, 영하 273.15℃이다.

여러분이 진지한 물리학을 공부한다면 섭씨 대신 '켈빈 온도(절대 온도)'를 사용할 것이다. $0°K$는 절대 온도이고 물은 $273.15°K$에서 언다. 다시 말해서 섭씨 온도는 켈빈 온도보다 $273.15°$ 더 따뜻하다는 얘기다.

그런데 여러분 운동부의 심술쟁이 감독님이 이렇게 말씀하시면, 조심해야 한다.

감독님이 섭씨로 말했다면 좋은 날씨이다. 그러나 켈빈 온도로 말했다면 여러분은 숨도 못 쉴 것이다. 모든 공기가 얼어서 단단한 덩어리가 되어 땅바닥 여기저기에 떨어져 있을 테니까.

나머지 단위들

측정에 쓰이는 다른 단위들은 아주 많다. 그 가운데에는 전문화된 단위가 많은데 몇 가지만 살짝 엿보기로 하자.

힘

힘의 단위는 뉴턴이다. 처음으로 힘을 정확하게 설명한 아이

작 뉴턴의 이름을 딴 것이다. 우주공간에 1kg의 돌멩이가 누구에게도 해를 끼치지 않고 떠 있다. 그러나 여러분이 1뉴턴의 힘으로 그 돌을 밀기로 했다면, 돌의 속도는 여러분이 1초 밀 때마다 $1m/s$ 증가할 것이다.

이 말은 10분 후면 1kg짜리 돌멩이의 속도는 $600m/s$ 다시 말해 $2160km/h$ 가 된다는 뜻이다. 작은 돌멩이가 갑자기 위험해진 것이다. 그건 다 여러분 탓이다.

압력

압력은 일정 면적을 밀어대는 힘의 양이다. 여러분이 타이어에 바람을 넣을 때, 바다 밑바닥으로 잠수할 때, 기압 변화를 공부할 때 다루어야 하는 것이 바로 압력이다. 상황마다 토르, 파스칼, 기압, 밀리미터 수은 등등 다양한 이름의 단위를 사용하지만, 그것 모두 제곱미터에 가해지는 뉴턴의 수를 나타내는 방식으로 바꿀 수 있다.

동력

단위를 다루는 책에서 마력을 이야기하지 않고 넘어가면 불공평한 일이다. 마력은 정말 매력적인 이름이기 때문이다. 마력은 옛날식 동력 단위로 말 한 마리가 끌 수 있는 힘을 기준으로 했다. 현대식 단위에서는 말 한 마리가 1분 동안 $4\frac{1}{2}$톤을 1m 끌 수 있는 힘으로 본다. 이것은 12,000개의 콩 통조림 깡통을 바닥에 놓고 말에게 1분 동안 그 모든 깡통을 탁자에 올려놓으라고 시키는 것과 같다.

전기

전기에는 세 가지 단위가 있다. 볼트는 여러분이 전기에 통할 가능성이 얼마나 될지 재는 전압 단위이고 암페어는 여러분이 얼마나 세게 전기에 통할지 재는 전류 단위이며 와트는 볼트에 암페어를 곱한 것으로 전기가 통하면 여러분이 얼마나 밝게 빛날지 재는 전력 단위이다. 그런데 1마력이 760와트라는 사실을 알면 흥미로울걸. 그건 여러분 집의 전기 주전자가 말 세 마리만큼 힘세다는 얘기니까.

주파수

주파수의 단위는 헤르츠(또는 Hz)로 어떤 것이 1초에 얼마나 자주 일어나는지 나타낸다. 이 단위는 스테레오 기기에서 흔히 볼 수 있는데 스피커가 앞뒤로 진동하면서 소리가 만들어지기 때문이다. 스피커가 초당 40회 진동하면(즉 40Hz이면) 아주 낮은 음이 들린다. 초당 1,000회 진동하면(1킬로헤르츠 즉 1kHz이면) 누군가 노래할 때 같은 중간 음이다. 15kHz의 소리는 여러분이 들을 수 있는 가장 높은 음이다. 빛 역시 진동으로 만들어지기 때문에 여러 가지 색을 헤르츠로 나타낼 수도 있지만, 다행히 우리 눈은 이런 것에 신경 쓰지 않는다. 여러분의 눈이 700,000,000,000,000헤르츠에서 진동하는 어떤 빛을 보았다면 파란색을 보았다는 뜻이다. 세상에!

소리

여러분이 들을 수 있는 소음의 크기는 데시벨(또는 dB)로 측정한다. 이 단위는 여러분이 음량을 10dB 증가시키면 소리가 두 배 시끄러워지는 식으로 작용한다.

보통 얘기하는 소리는 약 65dB이며 지나가는 오토바이 소음은 110dB 정도이다. 130dB이 넘는 소음은 모두 귀를 상하게 하는데, 이 말을 못 믿겠거든 1976년 3월 31일 찰턴 체육관에서 열렸던 록밴드 '더 후'의 콘서트에서 앞줄에 있었던 사람한테 물어보라.

빛

우리 눈에 보이는 빛의 밝기는 칸델라로 측정하는데, 촛불 하나의 밝기를 기준으로 한다. 1칸델라가 어느 정도인지 지금 알고 싶다고? 정말로? 그럼 계속 얘기하자. 1칸델라는 5.4× 10^{14}Hz의 주파수를 가진 빛의 양이며 1스테라디안의 원뿔에서 얻는 $\frac{1}{683}$와트의 세기이다. 달리 말해서 손전등을 들고 부속품들을 빼낸 뒤 그 안에 양초를 넣고 정면에서 불을 붙이면 그 밝기가 1칸델라이다.

바람

바람은 '풍속계'를 사용해 측정할 수 있다. 풍속계는 컵들이 달려 빙빙 돌아가는 작은 장치로 바람의 속도를 mph(시속 미터)나 km/h로 알려 준다. 더 재미있는 것은 주변 사물들만 둘러보고도 풍속을 가늠하도록 고안된 보퍼트 풍력 계급이라는 것이다. 여기서 '0'은 전혀 바람이 없는 상태이며 '1'은 가느다란 연기를 흔들 정도의 바람을 말한다.

바람이 '4'에 이르면 휴지나 나뭇잎을 날릴 정도가 되고, '6'은 바다에 큰 파도를 만들고 '9'는 지붕 기왓장을 벗겨 내기 시작하며, '12'가 되면 여러분은 큰 곤란을 겪는다. 보퍼트 풍력 계급에서 그보다 더 높아지면 허리케인이 되는데, $120km/h$를 강도 '1'로 시작해 최대 $250km/h$의 강도 '5'인 바람까지 있다.

비

기상대 사람들은 비의 양을 측정하는 걸 좋아하고 그 결과를 밀리미터로 나타낸다. 여러분이 직접 해 보고 싶다면 떨어지는 모든 물 – 비, 눈, 이슬, 우박을 포함해–을 받을 유리통을 밖에 놓아두면 된다. 유리통은 클수록 좋지만 옆면이 통조림 깡통처럼 수직이어야 한다. 날마다 유리통 안에 담긴 물의 깊이를 측정하면 그것이 곧 강수량이다. 기상대 사람들은 하루 받은 유리통 안의 물이 20mm가 넘으면 정말 흥분한다. 비가 많이 왔다는 뜻이니까.

카레

카레의 매운 강도는 지역에 따라 크게 다르다. 로어 럼블링스에 있는 카레 전문 '라자 식당'에서 가장 순한 맛은 코르마이고 그 다음부터 봄베이, 마드라스, 빈달루, 팔 등으로 점점 매운맛이 강해지다가 마지막 라자 스페셜에 이르면 냄비에서 바로 떠 먹어야 한다. 카레가 강해서 접시가 녹아 버리거든.

세상에서 가장 슬픈 측정

우리가 해 볼 측정 가운데 마지막 하나가 남았다. 필요한 것은 여러분의 엄지손가락과 검지손가락이다. 이 책의 오른쪽 면을 꽉 쥐어 보고 판단해 보라. 이제 몇 페이지가 남았을까? 그렇다. 슬프게도 단 한 페이지가 남았으므로 우리는 수군수군 수상하고 수다스럽고 수더분한 수학과 곧 헤어져야 한다. 저마다 길을 떠나기 전에, 어떤 계산을 하든 도움이 될 한 가지 정보를 알려주겠다.

언제 어디서든 수와 소수점, 나누기 부호, 그밖의 모든 것을 헤집고 계산을 시작하기 전에 잠시 팔짱 끼고 기다려라. 심호흡 한 번 하고 눈을 부비고 손가락을 신발 안에 집어넣고 발을 한 번 긁어줘라. 그런 다음 어떤 종류의 답을 구해야 하는지 대강 짐작해보라.

이 방법은 정말 효과가 있다. 특히 측정이 어려웠던 사람에게는! 여러분이 그 모든 수와 부호를 더듬어 헤집어 놓을 때쯤엔 처음에 하려고 했던 것에서 벗어나기 일쑤거든.